未来 共享胜过拥有

LET'S SHARE

强势攻城

全球估值最高的非上市公司之一
创始人卡兰尼克首度袒露共享经济方法论
谁赢了，谁就攻占**千亿美元市场**

Uber

洪旭 / 著

是如何迅速崛起的

北京理工大学出版社
BEIJING INSTITUTE OF TECHNOLOGY PRESS

图书在版编目（CIP）数据

强势攻城：Uber是如何迅速崛起的 / 洪旭著 . — 北京：北京理工大学出版社，2016.9

ISBN 978-7-5682-2523-6

I.①强…II.①洪… III.①高技术企业 – 企业管理 – 研究 – 中国 IV.①F279.244.4

中国版本图书馆 CIP 数据核字（2016）第 143495 号

出版发行 / 北京理工大学出版社有限责任公司
社　　址 / 北京市海淀区中关村南大街 5 号
邮　　编 / 100081
电　　话 /（010）68914775（总编室）
　　　　　（010）82562903（教材售后服务热线）
　　　　　（010）68948351（其他图书服务热线）
网　　址 / http://www.bitpress.com.cn
经　　销 / 全国各地新华书店
印　　刷 / 北京泽宇印刷有限公司
开　　本 / 710 毫米 × 1000 毫米　1/16
印　　张 / 16.75
字　　数 / 202 千字
版　　次 / 2016 年 9 月第 1 版　2016 年 9 月第 1 次印刷
定　　价 / 38.00 元

责任编辑 / 刘永兵
文案编辑 / 刘永兵
责任校对 / 周瑞红
责任印制 / 李志强

图书出现印装质量问题，请拨打售后服务热线，本社负责调换

前言

让我们一起来想想过去的世界是什么样子：

过去是 1 个人 1 辆车，15 个人需要 15 辆车。现在呢？Uber 出现后，变成了 15 个人共用 1 辆车。这样的结果延伸相加，给交通带来的变革不言而喻：尾气排放变少，汽车资源的闲置和浪费减少，环境变得更好，城市里不再到处都是停车场和拥堵在路上的汽车……

未来将会如何？当 Uber 能够让一辆车得到高效的利用时，那么，它就能够利用这辆车高效地去运送任何东西。一切关于运送的服务，都将被 Uber 流水般的出行体系改写。未来，接送小孩、递送文件、购物……所有需要通过"交通"来实现的事情都可以交给 Uber 来完成。在最理想的状态下，所有的 Uber 车辆都将有条不紊，以最小的浪费、最大的效率运行，随时准备满足用户关于出行和运送的全部要求。

难怪在加拿大温哥华的 Ted 2016 大会上，卡兰尼克有十足的底气在演讲中说："Uber 让这个世界变得更加美好。"同样在这次大会上说出这个观点的，还有 Airbnb 的联合创始人乔·杰比亚。

那些遭遇过 Uber 司机性骚扰的乘客，以及那些在 Airbnb 上把房子租出去却被洗劫一空的房东，或许不会同意这两位创始人的说法。但是，不可否认的是，同为"共享经济"领域的代表，Uber 和 Airbnb 通过科技手段连接闲置资源和用户需求，确实给予了更多人轻松、便利的生活，也为更多人带来了让闲置资源变现、创造价值的机会。

人们对待新生事物的支持态度，是源于对其未来的期待。经历了工业时代的过度消费，经历了经济危机，人们开始意识到：原来我并不需要拥有那么多东西，我需要的仅仅是商品的使用权而已。

这种观念的转变奠定了共享经济的基础：把闲置的物品拿到二手网站卖掉，把闲置的房子租出去，把闲置的车开到街上，把闲置的时间利用起来，为别人提供服务——这些都是"共享"的典型场景。而那些愿意买二手物品，愿意租房住、打车出行，愿意让"业余者"为自己提供服务的人，同样也是实现"共享"的关键。Uber 也好，Airbnb 也好，它们的成功之处恰恰在于什么也不占有，只做"连接"，当这种"连接"创造出数以百亿美元计的价值时，也就意味着它们重新改写了商业价值和传统商业逻辑的定义。

关于未来，Uber 总是不遗余力地描绘。然而，从拿起手机叫辆车，到让任何人以便宜的价格去任何他们想去的地方，再到让任何东西都能够通过 Uber 进行运送，Uber 的这一系列发展过程，以及通往无限可能的未来发展趋势，在卡兰尼克看来，都是必然的。他和他的团队只不过是看到了别人看不到的可能性，然后做了应该做的事。他本人甚至不认为 Uber 的成功和共享经济模式的风靡有多大关系，也不认为 Uber 是一个全新的事物，他说，人们以为共享经济是新鲜事物，以为 Uber 是前所未有的产品，实际上，早在 100 年前，历史上就已经出现了以共享模式为用户提供便捷服务的产品。在 2016 年的 Ted 演讲中，他说起 1914 年在美国洛杉矶出现的一种名叫 Jitney 的交通工具，他将这种交通工具称为"Uber 最初的设计框架"。

Jitney 是一种灵活便捷的小型巴士，可以以便宜的价格随时带乘客去任何地方。在发展早期，Jitney 由于便宜、便捷，大受欢迎，数量实现了爆发式的增长，在鼎盛时期几乎达到了 Uber 如今在洛杉矶的载客率。但是，Jitney 很快就受到了保守的电车产业的排挤，以及政府严苛的管制，逐渐衰败，最终彻底消失。联想到今日的 Uber，历史似乎总是惊人的相似。卡兰尼克表示，那些反对者只有两种选择，要么让 Uber 重演 Jitney 的历史，要么就让 Uber 创造出新的人类交通史。

更多的人相信，Uber 能够创造历史，而不是重演历史。因为在移动互联网世界成长起来的 Uber，和 100 年前的 Jitney 相比，有一个决定性的不同：战斗的武器不同。同样面对排挤和管制，Jitney 脆弱不堪一击，而 Uber 却越挫越勇，是因为它握着"科技创新""商业模式创新"这些武器，在一个人人通过网络互联的世界里，掀起了一场全民化的"交通革命"。直至今日，这场"革命"仍在继续，和早期的举步维艰相比，现在的 Uber

毫无疑问已经好过很多了，共享经济的浪潮已经形成，庞大的用户基础摆在那里，反对的势力反而成了弱势。

"Software eating the world（软件吃尽世界）"，风险投资人马克·安德森用这句话来形容像 Uber 这样的公司使用移动互联网和软件的"虚拟"实力抓住了物理世界中的真实用户需求。

但是，比起"吃尽世界"，Uber 更想做的事或许是创造更多价值来改变世界。未来的 Uber 究竟会变成一家大数据公司、物流公司，还是算法公司、交通调配公司、无人驾驶技术公司，谁也说不准，无论如何，未来的改变都值得期待。

C 目 录
CONTENTS

1
PART

诞 生

连续创业就是享受
投入、跌倒、站起来的过程

数个月前，Uber 创始人兼 CEO 特拉维斯·卡兰尼克过完了他 39 岁的生日。

当时有记者采访他："中国有句古话'四十不惑'，对于你接下来的人生，有什么规划？"

卡兰尼克回答："我不想生活在'不惑'的环境中。我喜欢不确定性，我喜欢实验和尝试一些尚不知道答案的东西。我认为这样会使人生更具有探险性，而这也是我希望的人生。"

这个典型的狮子座男人，是一个天生的创业者，身上充满不知疲倦的冒险精神。谁都知道，如今的卡兰尼克已经获得了所有创业者梦寐以求的成功，他已经抵达了自己前半生事业的巅峰：他与合伙人创办的打车软件 Uber 下一轮融资估值将达到 625 亿美元，一旦这个惊人的数字成为现实，创立仅六年的 Uber 将再次刷新由它自己创造的全球非上市公司最高估值纪录，超过福特汽车、Netflix、通用汽车、时代华纳等众多老牌大企业，一跃成为新的企业巨头。

放在任何人身上，这都是了不起的成就，但卡兰尼克自己并不满足。对他来说，人生的目的似乎不是成功，而是探险、尝试、寻找。所以他说，

Uber 暂时不打算上市，现在还不是时候。言下之意，谈成功为时尚早，他希望保持野蛮的生长力，永远在"下一步"看成败。

Uber 是卡兰尼克的第三次创业。在硅谷创业者的圈子里，这个次数并不算多。但要论创业经历的传奇性，卡兰尼克一定可以排在最前列。毕竟，第一次创业就被告上法庭，并被索赔 2 500 亿美元，这样的遭遇放眼世界也找不到同类。

2 500 亿美元，足够买下整个阿里巴巴，还绰绰有余。和这个令人咋舌的金额比起来，Uber 高达 625 亿美元的估值也只能算是"小巫见大巫"了。

那一年，是世纪之交，2000 年，卡兰尼克刚刚 23 岁，距离他从加州大学洛杉矶分校计算机工程专业辍学创业不到两年时间。当时，他和几个大学同学合伙创办的流媒体网站 Scour.com 逐渐受到学生用户群体的青睐，越来越多的人开始从网站的 P2P 服务中"尝到甜头"：作为最受欢迎的 P2P 软件，Scour 最多时有超过 25 万用户同时在线，任何人都可以自由地使用它下载、分享、交换各种资源，包括盗版的电影和音乐。

一开始，卡兰尼克和他的同学只是想开发一个简单的搜索软件，没想到做出来的产品成了世界上第一款 P2P 文件下载资源搜索引擎。当然，对于出生于硅谷并深受"硅谷文化"影响的卡兰尼克而言，这样的结果并不算一个意外。

卡兰尼克是典型的"硅谷极客"，从小就在互联网技术方面展现出过人天分。他的父亲是工程师，在他很小的时候就开始教他学习数学，并让他参加奥数比赛。他自己从 6 年级就开始编写程序，7 年级开始鼓捣变电器，同时还是一个超级游戏玩家。直至今日，卡兰尼克仍然对电子游戏相当狂热，在巅峰时期还曾获得任天堂虚拟网球游戏全球第二的得分，以及《愤怒的小鸟》全美排名第七的优秀成绩。

从"极客"到"创业者",卡兰尼克在这个身份转换过程中没有任何迷茫,他找到合伙人,编写出优秀的软件,投放市场,赢得用户青睐,获得数千万美金的风险投资——这一连串过程如此水到渠成,以至于卡兰尼克和他的合伙人都认为,创业并没有想象中那么难。

那个时候,年轻的卡兰尼克还不知道,毁灭的种子从一开始就已种下。

由于涉嫌违规侵犯版权,卡兰尼克和他的公司遭到了美国电影协会、唱片工业协会和音乐出版商协会等29家媒体巨头的联合起诉,并被索赔2500亿美元。这个近乎荒诞的索赔金额,为卡兰尼克的第一次创业画上了戏剧性的句点:幸好,他和原告方最终达成了庭外和解,在支付了100万美元赔款后,宣告公司破产,得以收场。

在那之后的几个月,卡兰尼克很是消沉,连电影院都不肯进,因为光是看到那曾经起诉他的几大电影制片商的名字,就足以让他气血上涌。

在创业的世界里,没有比失败更常见的事,但像这样因为上法庭而破产,失败得如此彻底,连努力的余地都没有,也算罕见,难怪卡兰尼克难以接受。

这样的状态并没有持续很久。第二年,也就是2001年,卡兰尼克带着"复仇之心"卷土重来。

他找到原班人马合伙创立了另一家科技公司,名叫RedSwoosh,这一次,他吸取了教训,走的是"合法"道路。RedSwoosh的主要业务是为企业提供服务,改进其文件在网络上传播的方式,提高文件传输的速度,帮助企业节省服务器开支——卡兰尼克之所以开发这种针对企业的服务类软件,首先是因为它能够赚钱,其次是因为"不可告人"的小心思在作祟:他想让当年那些起诉他、害他破产的好莱坞公司都来购买他的服务,以此获得"复仇"的快感。

截止至 2007 年，也就是 RedSwoosh 公司被收购之时，当年起诉卡兰尼克的 29 家公司有 23 家成了他的顾客，从这个结果来看，卡兰尼克的"复仇"无疑取得了成功。但在此之前，他的创业之路走得相当艰难。

由于产品做得不错，业务开展很顺利，公司成立几个月后，就吸引了第一批投资人，其中包括著名投资人、NBA 达拉斯小牛队的老板马克·库班，以及计算机技术权威 Lewin 公司的丹尼尔·勒温，等等。

然而厄运接踵而至：丹尼尔·勒温在赶赴面谈投资事宜的途中遭遇"9.11"事件，他乘坐的飞机撞上了世贸大厦，原本有望注入 RedSwoosh 公司的大笔资金瞬间泡汤，随后，公司合伙人之一撬走开发团队投靠索尼公司，最大的投资者马克·库班也要求撤资。

公司现金流出现严重问题，向来"不按常理出牌"的卡兰尼克想出的办法居然是：不给员工交个人所得税。结果再次收到法院传票，国税局还算宽容，给了卡兰尼克选择的权利：坐牢或者罚款。卡兰尼克只好乖乖认罚。

在最艰难的时候，卡兰尼克付不起房租，只能搬回母亲家"啃老"，请不起员工，就自己身兼数职，一个人搞定所有事。有一次，他去参加拉斯维加斯消费电子展，穷到只能睡在租来的汽车里，在附近的洗手间像流浪汉一样洗澡。这样的日子，持续了六年之久，直到 2007 年，卡兰尼克才终于以 2 300 万美元的价格卖掉 RedSwoosh，在 30 岁那年成为千万富翁。

六年，2 300 万美元，这远远称不上一次成功的创业。事实上，如果你将卡兰尼克人生的前两次创业经历都定义为"失败"，想必他自己也不会否认，只不过，和常人不同的是，卡兰尼克并不认为"失败"有什么问题。

他曾在一次采访中说道："我曾经失败过，这是一件有意思的事。重要的是怎么看待失败。有时候人们从失败中并没有学到任何东西，他们并不享受这个过程。我不是这样，我总是享受这个过程。"

失败不是一件坏事，至少对卡兰尼克而言不是。在他看来，"只要跌倒后还能不断爬起来，就不算失败。"

至今已在创业路上跋涉近二十年的卡兰尼克，曾经在不同场合反复提及创业者必备的一种特质："冠军思维"（The champion's mindset）。他说："许多人想到'冠军'时，会想到姚明，或者想到勒布朗·詹姆斯扣篮，但那都不是冠军思维。我们是以另外一种方式思考冠军的，首先你要享受你的旅程，不管你最后去哪，在篮球场上、足球场上你要全身心投入，把每一分的力气投入进去。你被打败的时候要立刻站起来，如果你把自己的一切都投入比赛之中了，当出现逆境的时候，你能够重新站起来，这样是不可能失败的。"

尽管今天的卡兰尼克已经能够昂首挺胸地在世人面前宣讲成功创业者的"冠军思维"，但在当时，面对第三次创业机会的他，只是一个裹足不前的失意之人。

2009年，在环游世界纵情享乐一番之后，卡兰尼克准备开始第三次创业。在雄心勃勃、事业做得风生水起的硅谷年轻人面前，32岁仍然"一事无成"的卡兰尼克体会到了"自卑"的滋味。前两次的"失败"经历，以及上一次创业过程中漫长的煎熬，让他在面对第三次创业机会时，忽然产生了前所未有的悲观和怀疑：一个看起来没有多少前途的叫车软件，会不会成为他的第三次失败？如果再度遭遇失败，他还能振作起来吗？

恰好在这时，卡兰尼克看了一部名叫《午夜巴塞罗那》的电影，那是著名导演伍迪艾伦在 70 岁那年执导的电影。直到现在，卡兰尼克跟人谈起这件事，依然激动万分："这哥们儿是个老家伙了！但他却依然能做出这样的电影！我呢？我有这个机会，哥们儿。我也要大干一场。"

没有人可以预料未来，没有人是在确定成功的前提下去努力，没有人能够保证自己绝对不会遭遇失败，所有的成功都源于前一次的失败，以及再一次的尝试。

在决定大干一场、成立 UberCab（Uber 的曾用名）的时候，不止卡兰尼克自己怀疑，所有人都怀疑，谁也没有想到，UberCab 会变成 Uber，在几年后成为全球最值钱的创业公司。站在今天的立场上，你可以为 Uber 的成功找出成千上万条理由，但回到当初卡兰尼克决定创业的时刻，能够看到的理由其实只有一个：作为一个创业者，他在失败中站了起来，并走出了未知的、充满勇气的下一步。

Uber 是人人认为不可能的事，
但酷就一定有现金流

在硅谷，最常见的口头禅是：行动、试验、改进。没有人会要求一个创业者在创业前先搞定一切。先行动，再改进，这是基本的"创业规则"，没有第一步的行动，接下来的一切都不会发生。

硅谷常见的创业方式叫"车库创业"，惠普、苹果、亚马逊、Google 的发源地都是车库，很多硅谷创业者都是在自家车库开始创业的第一步。理由很简单，车库的空间足够大，工具多，而且场地免费，对于没钱也没资源的年轻人来说可以说是最佳创业场所。不用等到有了办公场所、有了团队，或者有了投资再创业，创业的本质就是做一件自己想做的事，不管现状如何，先行动起来才是关键。

卡兰尼克小时候或许也曾在自家车库改造过各种机器设备，但他的创业之路却不是从车库起步的，他承袭的是硅谷的另一个"传统"：辍学创业。

辍学创业在硅谷早已成为一种潮流，硅谷知名创业者兼风投家彼得·泰尔甚至还就此推出一项计划：每年资助 20 名 20 岁以下的年轻人10 万美元，支持他们辍学创业。

事实证明，在辍学创业的年轻人之中，有许多人都成了硅谷创富神话的主角。看看这一长串名单：微软创始人比尔·盖茨、"苹果之父"史蒂夫·乔布斯、Facebook 创始人马克·扎克伯格、Uber 创始人特拉维斯·卡兰尼克、Etsy 创始人罗布·凯林、Twitter 和 Square 的联合创始人杰克·多尔西、Tumblr 创始人大卫·卡普、雅虎联合创始人杨致远、WordPress 创始人马特·穆伦维格、DropBox 联合创始人阿莱希·菲尔多西、Spotify 创始人丹尼尔·埃克……

这些昔日或今日的硅谷富豪，创业领域不同，各自的长处不同，个性不同，他们的共同点只有一个：都是辍学创业，没有拿到文凭。

在充满"一夜创富"神话的硅谷，没有文凭反倒成了一件值得骄傲的事。辍学创业的"始作俑者"比尔·盖茨曾经担心这一风气给年轻人带来不好的影响，2015 年毕业季他在博客上撰文说："今年春季，全美有 200 多万学生做了我从未做到过的事情：他们成功取得了大学文凭。这是我们所有人都应该庆祝的成就。尽管我自己从大学辍学，并幸运地在软件行业取得成功，但是获得学位是更可靠的成功之路。"

很显然，硅谷的年轻人不愿意听"老人家"的话，不仅风投家为辍学创业的学生提供资助，各大科技公司也非常欢迎辍学学生加入，Facebook 就曾聘用了一个 18 岁的学生担任全职职位，雅虎也曾花 3 000 万美元购买了一个 19 岁学生开发的应用程序，并直接聘用他为产品经理。

有人问卡兰尼克："当年你放弃学业，从 UCLA（加利福尼亚大学洛杉矶分校的简称）辍学创业，对此感到后悔吗？"

卡兰尼克说了一句："Sometimes you just follow your dreams."

"follow your dreams"，听起来很浪漫，其实不是的，这意味着你必须放弃容易的那条路，去选择更艰难的道路。卡兰尼克接着说："你应该在人生的任何阶段追求梦想，有可能是在你 21 岁大学还没毕业的时候，也有可能更老一点，开始去做一件谁也没做过、你也从未想过自己能做的事。"

关键不在于是否辍学，而在于是否能在人生的任何阶段，随时听从梦想的召唤，摆脱一切阻碍，现在，立刻，马上去做。

《福布斯》杂志编辑、"福布斯30岁以下创业者峰会"的创始人兰德尔·莱恩曾用"互联网海盗"来称呼新一代的硅谷创业者，他认为，这些正在改变时代的风云人物有一个终极的共同点，同时也是他们获得成功的关键，那就是：特立独行。也就是说，不亦步亦趋的人，善于打破常规、敢于尝试的人，才有可能在新一轮互联网"淘金热"中取胜。

无论是卡兰尼克，还是其他辍学创业的硅谷年轻人，他们都没有轻视学位或教育的意思，也并非觉得大学不重要，否则他们一开始就不会努力考上大学。之所以辍学会在硅谷成为一种风潮，是因为它代表着一种敢于打破常规、斩断后路的创业精神。

"阅后即焚"社交软件Snapchat的创始人埃文·斯皮格尔在毕业前一个月的某节课中途直接退学创业。

听到这件事，一般人的逻辑很可能是这样的：只剩一个月就毕业了，为什么不等到拿了学位再创业呢？多可惜。

而埃文的逻辑是：为什么要为了拿一张证书而浪费一个月的宝贵时间？梦想等不了，人生等不了，产品等不了，团队等不了，市场也等不了。

什么是更重要的事，硅谷有自己的一套评判标准。

想一想硅谷的"法则"：即使你不善于经营企业，创业很失败，只要产品或技术足够创新，照样有大企业愿意花钱收购——在这里，创新是能够直接变成现金流的。所以，失败并不可怕，机会、金钱与成功遍地都是，问题在于必须去做那些真正有价值的事，去创造真正能够产生价值、改变世界（哪怕只是世界的极小部分）的产品。

这或许正是卡兰尼克不断尝试创业的根本原因所在。

在创业"失败"两次之后，卡兰尼克抛开犹豫、下定决心创办Uber，据他自己说，是因为看了一部名叫《午夜巴塞罗那》的电影，同时也是因为合伙人加雷特·坎普的热心劝说。但真正让他做出选择的内在推动力，应该是烙印在他身上的硅谷基因——在 Uber 这个创业点子产生之前的一年时间里，他一直在世界各地辗转，参加各种科技大会，结识各类人群，保持行动，保持思考，为的就是寻找创业机会。没有这一年时间的"准备"，机会不可能平白无故降临在他身上。

即使没有看那部电影，即使没有合伙人助力，最终卡兰尼克大概也会走相同的路，可能不是 Uber，可能是 Aber、Eber……

我们今天站在"全知全能"的角度看 Uber，会觉得做这个产品非

Aber、
Bber...Eber

产品、技术创新

UBER

酷

常简单，但让我们去除上帝视角，回到 Uber 最开始的局面，就会发现卡兰尼克和他的团队面对的几乎是一个"死局"：政府监管限制了出租车数量，导致乘客打不到车的现象成为常态，同时监管造成行业垄断，导致出租车执照价格昂贵，司机要得到执照，就要花大量的钱，同时每天还要交"份子钱"，结果导致司机赚钱不易、态度不好，乘客负担昂贵车费，承受糟糕的服务……

你想做一个产品，让每个人轻松地打到车？怎么做？照当时的状

况来看，似乎处处都行不通：绕过监管？等着被罚吧。改造行业？痼疾太深了。仅仅是增加汽车数量，就能保证乘客打到车吗？不一定……

从解决用户麻烦的角度出发，按理说早有人比卡兰尼克更早发现"打车"这一需求，毕竟出租车行业的痼疾存在已经不止一天两天，但之所以始终没有人采取行动，就是因为这件事太难做。如果只做一般的叫车服务产品，那和电话叫车、网络租车有什么区别？真正革命性的、颠覆性的产品，必须有颠覆性的技术和观念作为前提，但颠覆谈何容易？

当时，在巴黎的一个小组会议上，卡兰尼克和他后来的合伙人加雷特·坎普把这个刚刚萌生的点子提出来和其他成员做了一番讨论，讨论的结果是：没有结果。这个点子就和当天讨论的其他点子一样平凡。就连卡兰尼克自己也这样认为，以至于离开巴黎之后，他很快就将这个创意抛至脑后。或许是因为那个时候的他并不相信自己，也无法去相信那些所有人都不信的东西。

然而回到硅谷之后，他开始重新体会到一个简单的道理：永远去做别人做不到的事，去做别人觉得不可能的事，更重要的是，去做自己认为自己做不到的事，这才是一个硅谷创业者应该承袭的"创业基因"。这个时候的卡兰尼克，身体里面的"创业血液"终于苏醒。"如果这个问题很容易解决，这个问题就不值钱了，更重要的是，作为一个企业家、创业家，我有没有因为问题很难，变得很有好奇心、很激动？"

人人都说不可能，甚至你自己都觉得不可能，这就对了。正因为如此，才有去做的价值。这并不是莽撞，卡兰尼克很清楚，创业者要具备冒险的勇气，更要具备降低风险的智慧。在人人都觉得高风险的地方，你要看到降低风险的可能，这样你就可以做到别人做不到的事。正如他后来所说："在白纸上画两个圆圈，一个是你的舒适区，而走出去进入另一个圈，努力做一些本以为自己做不到的事情，才是能创造奇迹的地方。"

　　事实上，刚刚上线时的 UberCab，只是一个相当粗糙的产品，有一些基本的功能，只能叫来几辆租车公司的车，从 UberCab 这个名字就可以看出来，卡兰尼克和他的团队最初连产品定位都没摸清楚：他们想做的难道是另一家租车公司吗？连车都买不起，拿什么和租车公司竞争？

　　但是，奇迹发生了：这个粗糙的产品，虽然不太好用，能够叫来的汽车数量也不多，却吸引了不少用户频繁使用，因为人们觉得用手机能够叫来一辆车，很酷。哪怕多等一会儿，哪怕不那么靠谱，也很酷。

　　定位混乱，产品体系也不知道怎么搭建，商业模式更是一片混沌，但卡兰尼克坚持了这次创业的初衷："在手机上按个键，然后出现一辆车"，不确定的因素那么多，但仅仅拥有这一个确定的优势，仅仅看到这一个别人没有看到的点，做到这一件别人没有做到的事，就足够产生价值了。

饿极了的"鳄鱼群"
扑上去就能咬掉一大块肉

很难想象，如果没有加雷特·坎普，还会不会有今时今日的 Uber。卡兰尼克自己也在各种场合说过，Uber 的成功应该归功于坎普。

这个创业故事的开始，很像一个童话的开头：巴黎，雪夜。

那是 2008 年的冬天，卡兰尼克和坎普结伴赴巴黎参加 LeWeb 年度互联网峰会。当时两个人都怀揣着充足的资金，辗转于世界各地寻找新的创业点子：卡兰尼克刚刚出售了他的第二家公司 RedSwoosh，以 2 300 万美元卖给了阿卡迈公司（Akamai Technologies），坎普也在一年前以 7 500 万美元的价格将他的产品 StumbleUpon（网络发现引擎）出售给易贝网站（eBay）。

参会期间，在一个下雪的夜里，他们打不到车，站在巴黎街头瑟瑟发抖。

打不到车的遭遇几乎人人都经历过。在所有国度，所有城市，出租车的现状都是一样：在你越是需要的时候，越是不肯现身。

巴黎寒冷的雪夜放大了卡兰尼克和坎普的不满。满脑子想着创业的两个人开始琢磨：为什么在互联网技术已经如此发达的时代，我们会站在异国的街头陷入这样窘迫的境地？为什么人们可以随时随地使用手机，却没有办法随时随地打到车？我们可不可以做出一款手机软件来解决这个问题？

在巴黎一个名为 JamPad 的小组会议上，聚集了很多像他们这样寻找创业机会的人，他们经常聚在一起讨论创业理念，交流创业想法。在那个打不到车的巴黎雪夜过后，卡兰尼克和坎普在会议上与其他人讨论了开发"叫车软件"的想法，坎普说："如果滑动一下手机就可以叫来一辆车，岂不是很爽？"

讨论的结果不出所料。即使是在打车软件已经大行其道的今天，仍有不少人认为，和站在街头随手就能拦下一辆出租车的便利性相比，使用打车软件的步骤太烦琐，如果出租车行业进行改革，那么打车软件就没有未来可言。可以料想，在当时，这个创业点子当然更难被看好。

做，还是不做？考验眼光的时刻到来了。

回到旧金山之后，卡兰尼克很快放下了这个不被看好的点子，坎普却对巴黎雪夜的经历念念不忘，他想，既然自己会对此感到不满，那么别人一定也会，如果能够开发出一款产品，解决"打不到车"的问题，一定会有市场。

他出资购买了域名 UberCab.com，准备开干。此时的坎普面临的第一个难题是寻找合伙人。他第一时间找到了卡兰尼克，不仅因为这个创业点子是两个人一起站在巴黎街头想出来的，更重要的理由是，他很看好卡兰尼克这个人。

寻找创业合伙人，其实就像寻找人生伴侣。能够和谐共度人生的伴侣，通常是彼此相似的，同时也是彼此互补的。或许坎普在那时并没有预料到卡兰尼克会在日后成为 Uber 的灵魂、代言人，甚至企业精神的内核，他只是发现了卡兰尼克和自己的相似之处与互补之处：相似之处在于，他们都是天生的创业者；互补之处在于，他们二人好比光与影，一个更适合"台前"，一个更适合"幕后"。

坎普和卡兰尼克一样，都是连续创业者，两人都将创业作为人生的方向和目标，但和卡兰尼克大起大落的传奇经历不同，坎普的创业人生相当"一帆风顺"：

2001 年，当卡兰尼克从破产和罚款的阴影里走出来开始第二次创业时，坎普还是一个刚刚从软件工程专业毕业的本科生，他规规矩矩地毕业，和两个同学合伙创业，开发了一个浏览器插件 StumbleUpon，这是一个能够根据浏览者个人偏好推荐高质量网站的网络发现引擎，兼具 SNS 社交功能，经过六年发展，2007 年被 eBay 以 7 500 万美元的价格收购。

2009 年，在筹备开发打车软件 UberCab 的同时，坎普又以 2 900 万美元的价格轻轻松松回购了 StumbleUpon，而且刚买回来就拿到了好几笔投资，尽管 StumbleUpon 只拥有几千万用户，和主流应用比起来实在不算什么，但用户活跃度和黏性都相当高，至今仍处在稳步发展中。

Uber 步入正轨后，坎普开始将创业的重心放在了他的 Expa 工作室的创建和布局上，当时，除了增速惊人的 Uber 之外，Expa 旗下还拥有做私人商品购买助理的 Operator，以及在北美餐厅预约市场快速扩张的 Reserve，这些产品无一例外地获得了风投的追捧，非常热门。近两年，坎普又投资并研发了一款名叫 BlackJet 的产品，模式和 Uber 一样，只不过 Uber 是叫车，BlackJet 是叫飞机。

在连续创业的过程中，坎普展现出了非同一般的眼光和布局能力，这正是他所擅长的部分，而卡兰尼克擅长的则是突破常规、冒险、创新——这样的两个人，可以说是"天生的搭档"。

然而在当时，面对坎普的邀请，卡兰尼克犹豫不决。他后来回忆说："我走过了八年的艰难创业路。我筋疲力尽，所以当时还没做好准备。"他对这个异想天开的创业点子也没什么信心："我那时可不确定自己想买 10 辆 S 级轿车来组建豪华租车公司。"

基于这些考虑，一开始他拒绝了坎普。但是，对这个"还没做好准备"、害怕失败的潜在合伙人，坎普表现出了不可思议的热情。

他后来回忆说，2008 年的冬天，在巴黎参会期间，他曾和卡兰尼克结伴游玩，一起爬上了巴黎的地标：埃菲尔铁塔。为了看到更好的风景，卡兰尼克冒险爬出了管理者设置的护栏，这一举动在坎普心中留下极深的印象：卡兰尼克天生的"冒险者"的性格特质，正是稳健的坎普所缺乏的，也是他所需要的。

"我喜欢放手一搏，我知道这么重要的理念肯定需要很大勇气，他（卡兰尼克）给我的印象是他有勇气。"

坎普不缺眼光，也不缺行动力，但他很清楚，要向市场推出一个前所未有的产品，必须打破常规、放手一搏才有可能成功，而善于"布局"的坎普最需要的合作者，就是像卡兰尼克这种善于"搅局"的人。

最终，在坎普不厌其烦的劝说和热情的坚持下，卡兰尼克打消了疑虑，同意加入。2009 年，他们开始忙于注册公司，招募团队，寻找投资，开发产品。

在此期间，他们招募到的成员，也就是后来被统称为"十二罗汉"的创始团队，其中有不少人和卡兰尼克"臭味相投"，拥有相同的野心和不按常理出牌的行事风格。

比如担任 Uber 全球运营总监的瑞安·格拉夫斯，早前曾在通用汽车公司负责数据库管理，后来他求职于手机服务网站 Foursquare 遭拒，于是主动提出不要薪水，最终换来了这份工作。加入 Uber 则是在这之后，他在 Twitter 上看到了卡兰尼克发的一句话："寻找杀手级别的PM，有什么推荐？"于是留言毛遂自荐，最终成功地获得了卡兰尼克的青睐。在 Uber 的发展早期，他作为运营总监，对待工作热情到可怕的地步，甚至在新年前夕还在办公室盯数据，经常和卡兰尼克讨论问题到深夜。

再如，担任全球业务拓展及流程优化负责人的奥斯汀·盖特，凭着一腔热情以实习生身份加入Uber，第一次见到Uber的几个创始人时，她心想："这些家伙真酷，对他们的事业充满激情，产品也非常有意思。"但她开始工作后，却连自己应该做什么都不知道。她几乎什么都做过，跑到街上发传单，凌晨3点接听客户电话，漫无目的地忙碌，让她一度觉得自己工作不够格。

后来，她说，她发现大家都是做到哪算哪，在一家创业公司，没有人知道自己在做什么。自从对这一点产生信心后，她的工作很快就上手了。不仅承担了很多管理工作和琐碎的事务，而且Uber每扩展到一个城市，她都会把在这个城市做过的事情记下来，并称之为"剧本"，等再到另一个城市时，她就会修改"剧本"，让推广工作更高效。

首位工程师康拉德·维兰加入Uber的过程也相当"随性"，当时，他正在享受自己的假期，进行了一次横穿欧洲自驾旅行。在穿越西班牙和葡萄牙后，他忽然意识到，外面的世界原来这么大，他必须走出自己的领域。有一天，他顺手给Uber的联合创始人加勒特·坎普打了个电话，想知道他最近过得怎么样。坎普发现他正好闲着，于是邀请他到旧金山一起启动Uber。就这样，康拉德成了Uber的首席工程师，负责构建产品、优化算法。

即使是优秀如康拉德这样的IT人才，在面对Uber这个产品时，也毫无经验可言，他的桌子上堆了一摞原装、连封皮都没撕的书，都是关于计算机科学、编程和数据库的。一边工作一边学习，这就是他在Uber工作的常态。当Uber的业务扩展到国外时，他就直接买来外语词典，一边翻词典，一边撰写外语代码。

Uber的早期团队基本都是这样"野蛮生长"起来的，他们身上有鳄鱼的气质：凶猛，渴求成果，做事果敢大胆，既肯拼命，又有创新力、行动力。因为他们面对的是一件没有现成经验可供参考、别人没有做过的事，只有敢想敢做，敢于"搅局"，才有可能为新生事物开辟道路。当 Uber 在华盛顿被宣布为非法时，时任 Uber 纽约负责人，后来成为 Uber 东岸地区总监的雷切尔·霍尔特几乎没有犹豫，立刻采取了行动，他组织团队向所有的司机打电话，告诉他们，Uber 百分之百支持他们，不管是罚单还是传票，Uber 全部照价赔偿，结果当天晚上，行驶在路上的 Uber 车辆比平时还要多。

仅靠坎普或者卡兰尼克的力量，不可能构建起如今这个庞大的 Uber 帝国，但如果聚集了一群善于行动、擅长创新和"搅局"的伙伴呢？

在想象和现实之间
造出的差距里找风口

2010 年夏天，当 UberCab 在旧金山实现它的第一单交易时，坎普和卡兰尼克或许都已经预料到，未来智能手机的普及率将越来越高。

事实的确如此。来自权威分析机构 ComScore 的数据显示，2010 年美国智能手机普及率达到 27%，与 2009 年相比实现了 10% 的增长，而与此同时，欧洲地区的智能手机普及率达到了 31%。

随后的数据几乎与 Uber 的增长曲线呈正比：

2011 年，美国智能手机普及率达到 35%；

2012 年，50%；

2013 年，65%；

2014 年，70%；

2015 年，77%；

……

亚洲地区的数据更惊人，而且增速比欧美更快，如今，新加坡和韩国的智能手机普及率已经分别达到 85% 和 80%——亚洲移动互联网市场的巨大潜力，也是 Uber 在欧美扎根之后转战亚洲的重要缘由之一。

今天，我们很容易从 Uber 的成功中总结出这样的经验：Uber 的爆发式发展，很大程度上是因为赶上了这股全球移动互联网发展的潮流。用创业圈的流行语来说，Uber 找对了风口。

但真正的难点恰恰在于，在风向尚不明朗时，如何找对风口？

让我们回到 2008 年的美国，看看当时的移动互联网是一个什么样的状况：被乔布斯誉为"重新定义了手机"的 iPhone 刚刚诞生于一年前，而苹果 App Store 应用商店直到这一年的 7 月 11 日才正式上线。

今天的人们早已对满屏的手机 APP 习以为常，人们使用它购物、娱乐、学习、工作、支付、理财、社交、恋爱……智能手机和 APP 已经成为生活中不可或缺的一部分。但在 2008 年，大多数人都不使用智能手机，也不知道 APP 是什么东西。

可以想象，在当时，做一个手机叫车软件的想法，听起来会多么像天方夜谭：开发一款手机软件，无论从成本，还是从技术水平的角度来看，都有很多难题要克服，再加上当时缺乏庞大的智能手机用户作为基础，用户的平均获取成本将会很高，整个市场体量也很有限。这样综合考虑下来，前途相当渺茫。

但是，让我们换个角度，来看看创业者（企业家、创新者）眼中的现实：

2007 年 1 月份，乔布斯向全世界展示了苹果第一代智能手机 iPhone，这是一个划时代的开端，正是从这时开始，人们开始意识到智能手机的无限可能：放进裤兜里的互联网。一个随身携带的小巧的移动终端设备，拥有大屏幕 UI，便捷的操作系统，只要联网就可以让任何人随时随地连接整个世界。

到了 2008 年 7 月 11 日，苹果 App Store 应用商店正式上线，这对于智能手机的发展来说，可谓如虎添翼。成千上万的手机软件，大大扩充了智能手机的应用范畴，同时也大大提升了智能产品的市场溢价。经过半年的发展，App Store 的应用软件数量已超过 1.5 万个，下载次数超过5亿次。

同样的现实，换个角度看，天差地别。原因何在？因为前者看的是现状，后者看到的是趋势。

什么样的角度才能看到创业的"风口"？用卡兰尼克的话来说就是："抓住人们的想象力。"

想象力一定是指向未来的，所以创业者看待现实的角度也必须指向未来。创业者在选择创业机会的时候，要考虑的是未来十年八年，或者三年四年会发生什么变化，要针对五年后、十年后的市场做产品、做开发。

比尔·盖茨当年演讲《未来之路》，说互联网将彻底改变人们的工作生活，很多人听了觉得很玄乎，但后来的事实完全验证了他所说的话。比尔·盖茨正是因为比任何人都更早抓住未来的趋势，他一手创立的微软才会获得巨大的商业成功。

无论是技术的发展，还是商业的趋势，实际上都是在印证人们对未来的想象和憧憬。试想，在2008年的冬天，人们想象的未来、憧憬的未来是什么样的：未来的手机只是一个通信工具？比起这样的未来，人们当然希望看到智能手机更多的可能性：它可以被用来做更多的事，解决更多工作生活中的麻烦——创业的风口就在这里。

为什么2008年冬天，坎普和卡兰尼克站在巴黎街头打不到车时，会产生"用手机叫车"的想法？

为什么是用"手机"叫车，而不是其他？

为什么坎普如此相信自己的眼光，在多数人都不看好的情况下，坚持要做一款手机叫车软件？

因为他们看到了创业的风口：用新生的事物（智能手机、移动互联网）解决传统行业和商业模式解决不了的"打不到车"的用户麻烦。

光看到趋势还不够，卡兰尼克在一次极客大会上说过这样一句话：

"创业家要同时具备创意性和分析性。""创意性"是创造未来必不可少的能力，"分析性"则是针对现实而言，是一种把握现实、分析现状、找到关键点的能力，是实现创意的前提。他认为，"创业家要看到人们的想法和现实之间的区别，这中间的鸿沟越大，创新者越有玩耍的空间，有做事情的空间。"

当时的现实是：

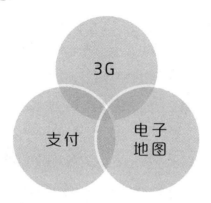

首先，移动网络技术的发展，使得智能设备随时随地能够联网。而且，3G 的普及也大大提升了手机上网的速度。

其次，电子地图和 GPS 定位技术已经相对成熟。这些技术确保人们能够通过手机实时确定地图上的位置，实时查看路况和车行路线，计算距离等。

再次是移动支付手段的发展。PC 端的网络支付转移到智能手机上，人们能够随时随地使用手机轻松实现支付。

正是出于对现实的精准"分析"，以及对于未来大胆的"创意"想象，才让卡兰尼克和坎普面对打不到车的难题，立刻想象出了 Uber 的雏形。

今天的人们分析 Uber 的成功之道，通常还会提到这样一个风口：共享经济。认为 Uber 正是由于赶上了"共享经济"的全球浪潮，才会发展得如此顺风顺水。但实际上，这样的说法多少有点"马后炮"的意味。Uber 的确是共享经济的代表，但它的诞生并非出于对这一潮流的预测或追赶。

对卡兰尼克而言，Uber 并非他创立的第一个具备"共享经济"特征的产品。早在二十年前，他就已经开始捣鼓资源分享软件 Scour，尽管日后由于侵权导致失败，但客观来讲，这个软件的功能实质正是"共享"：它作为平台连接用户，让人们可以自由共享各自的资源（电影、音乐、视频等）。

与其说共享经济，卡兰尼克更愿意将 Uber 解释成"按需经济"（on demand）。他说，共享经济并不是一个新的概念，很多小商人参与共享经济已超过几百年时间，比如一个修管道的人带着自己的卡车、工具到你家来修理，你共用了他的卡车、工具，或者保洁阿姨用自己的扫帚来你家扫地，从广义上来说，这也算共享。Uber 真正创造价值的地方，是它满足了很多人的需求，按一个键，开始服务，再按一个键，停止服务，你想要坐车，想要快递，想要送餐，都可以通过 Uber "按一个键"来实现，它满足的是即时性的、有针对性的、具体的需求。

虽然说法不同，但意思其实近似。Uber 所对应的这个被称为"共享经济"的风口，是在互联网、移动互联网时代才得以大范围存在的。当互联网平台能够随时随地联结一切的时候，当 GPS 定位技术让全球各地的人们得以实时共享彼此的位置的时候，当信息在网络平台上趋向透明的时候，信任成本随之降低，共享也就成了一件全球化的、极其便利的事。每个人都可以通过互联网和其他人共享一切闲置资源：共享房屋，有了房屋租赁网站 Airbnb；共享汽车出行，有了 Uber；共享办公室，有了 Wework；共享手工作品，有了 Etsy……

尽管卡兰尼克和其他创始人并没有明确地意识到 Uber 的成功应该部分归功于站对了这个"风口"，但是，他们所做的事情无一不在印证这一点。

瞄准"破碎行业"
做一款"自私"的产品

　　Upcounsel 联合创始人兼 CEO 麦特·福斯特曼曾经这样评价 Uber："如果 Uber 和其他的劳动服务市场带来什么成功启示的话，那就是创业者应当专注于消费者或者企业需要频繁使用的服务。"

　　创业固然要寻找风口，但不能只盯着所谓的"风口"。在当下这个"全民创业"的时代，我们经常看到这样的现象：创业者、风投资本在某段时间内一窝蜂地涌入某个领域或行业，结果往往九死一生。究其原因，是因为大家一味盯着"风口"、追逐流行，急功近利，忘了创业的初衷，忘了兼顾周围的大环境和现实。

　　今天人们习惯于拿着智能手机，站在大街上轻敲屏幕叫来一辆车，到达目的地直接下车，车费通过手机支付——这种便捷的出行方式，是在移动智能设备、定位技术普及的时代才有可能实现，从这个意义上来看，Uber 的确找对了"风口"，生逢其时。但真正让这款打车应用大获成功的原因，是如卡兰尼克所说："最初 Uber 只是为了满足我个人、我的合伙人，还有许多朋友的需求而设计的小项目。它来源于个人需求。"

　　卡兰尼克和坎普决定创立 Uber 的初衷，首先是为满足自己的需求。这是一款"自私"的产品。

"自私"的产品并不少见：靠 DVD 网络租赁业务起家的 Netflix 创始人里德·哈斯廷斯之所以能够成功，不是因为他早在 1997 年就已预见到创业的"风口"：名叫互联网的新兴事物，将为人们的生活带来巨大改变，就像亚马逊建立起网络图书销售平台，改变人们挑选书籍、买书，甚至看书的方式一样，人们挑选电影、租赁电影、看电影的方式也将因互联网而改变。

实际上，Netflix 诞生的起因是一笔罚款：因租借的电影光盘到期未还，哈斯廷斯向租赁店缴纳了 40 美元罚金。这笔数额并不大的罚金让他开始意识到电影租赁行业的种种痼疾，于是决定亲自动手解决。

无论是 Netflix 还是 Uber，都从"自私"的需求出发，创造出了满足更多人需求的成功产品。

创业的成功离不开对新的潮流、趋势的顺应，但也不必拘泥于此。不管做什么，只要某个行业，或者某种产品、商业模式存在问题，那么解决这个问题就能产生价值，无所谓是否在"风口"上，也许做着做着就成了"风口"——关键是，要去发现那个"亟须解决"的问题。

卡兰尼克曾说："从极客走到创业家之间的路程是什么？中间有几步，首先你得找到一个破碎的东西，一个损坏的东西。"他找到的那个"破碎的东西""损坏的东西"就是整个出租车行业。

在打车软件被开发出来之前，对很多人来说，打车都不算一种愉快的消费体验：

站在街头招手？多长时间有车经过，全靠运气，尤其是在交通高峰期、非繁华地段或者天气恶劣的时候，就更是靠运气。

电话叫车？等待时间不确定，离出租车运营点距离近还好，离得远又没有空车可供调配的情况下，必然需要长时间的等待。

车内环境？遇到有洁癖的司机，那是乘客的幸运。

服务态度？同上。在出租车行业垄断整个打车市场的现实情况下，遇到有礼貌、态度好的司机，也是乘客的幸运。

车费？既然是垄断行业，车费昂贵理所当然。

支付方式？同上。既然是垄断行业，怎么付钱，当然是出租车公司说了算。在美国许多城市，打车不能使用信用卡支付，以及在车费之外必须支付小费，这些所谓的“行规”一直为人所诟病。

在 Uber 的诞生地旧金山，由旧金山监管机构委托进行的一项调查表明，每四名居民中就有一人认为，市内的出租车服务“很糟糕”。

在卡兰尼克的出生地洛杉矶，情况更为糟糕，拥有近 400 万人口的洛杉矶，出租车数量少得惊人，当地出租车司机联盟 2009 年的一份调查报告显示：当时的洛杉矶只有 9 家出租车公司，2 303 辆出租车。公共交通体系的缺陷，间接导致洛杉矶成为美国甚至全球交通最拥堵的城市之一。居住在洛杉矶的人们，几乎人人都有打不到车的经验。

纽约也是一样，从 20 世纪 50 年代至今，政府给出租车司机发放的执照总数一直保持在 13 000 个左右，从未增加过，而在这期间，纽约的人口已经翻了好几番。

出租车行业一直是受政府监管的行业：从业者必须拿到许可，每一辆出租车都由政府发放执照，而执照的数量往往是有限的。这就意味着出租车公司可以通过转让或买卖执照，向司机收取份子钱坐地赢利。

相反，出租车司机每天一睁眼就面对着已经"欠下"的份子钱，必须赚足这份钱，这一天的工作才不算白干。而对于乘客而言，则意味着糟糕的出行体验，以及经常打不到车的尴尬处境。

从另一个角度来讲，陈旧的运营方式也是导致乘客不满的原因之一：出租车每天在城市的道路上穿梭，乘客每天等在路边拦车，双方都是被蒙住双眼的"盲人"。司机和乘客都不可能未卜先知，是否拉到客人，是否打到车，永远是一件不确定的事。

当然，在长期的"实践"中，司机和乘客都会积累一些经验，包括什么时间该去哪里"趴活"才能赚得更多，什么时间在哪个地段容易打到车，但总体来说，不可避免的空驶浪费、高峰期的供不应求，恶劣天气、突发事件下的低出车率，这都是摆在眼前的现实。

正因为如此，许多城市才会出现"黑车"，作为公共交通缺口的一种"补充"。但是，暂且不论黑车定价和安全之类的问题，除了无执照、不合法、不用缴纳份子钱之外，黑车和出租车在本质上是一样的存在。对乘客而言，是否能够打到黑车，和是否能够打到出租车一样不确定。

如果说消费体验糟糕可以归咎于行业垄断带来的痼疾，尚且能够自我优化，那么，打不到车这个问题，只能说是商业模式的缺陷，不从根本上改变，就不可能得到解决。

Uber 可以说完全为此而生：当你拿出手机，按下叫车键时，就相当于和 Uber 签订了一个短暂的协议，确保自己能够在数分钟之内叫来一辆车。至于车内座位干净，空气清新，车主彬彬有礼，优惠的车费，直接通过手机绑定信用卡结账、无须小费的支付方式，只能算是"附赠"的惊喜。

这份"确保"并不容易。从 2008 年冬天萌生创意，直到 2010 年夏天正式上线产品，这中间漫长的时间，卡兰尼克和他的团队都在努力寻找一种更快速便捷的方式，确保每一位用户能够随时随地叫到车，这也是他和坎普做这款软件的初衷。

最终，Uber 找到的方式是：彻底绕开了传统出租车行业的那一套，不再任由司机和乘客像"盲人"一样"在路上"，而是通过一个网络平台连接司机和乘客，并对双方进行精准的地理定位，让信息实时流通。

在 Uber 发展早期，整体车辆密度不够的情况下，这样的方式还不足以确保每一位乘客随时随地都能打到距离他最近的一辆空车。但至少，每一位乘客都能够清楚地知道：此时此刻，附近有没有车。如果有车的话，需要等几分钟。如果没车的话，什么时候有车，哪里有车——人们不再需要在街上碰运气打车，时刻面临不知能否打到车的窘境，只需通过手机软件实时获知车辆信息，任何人都能随时做出最有效率的出行选择。

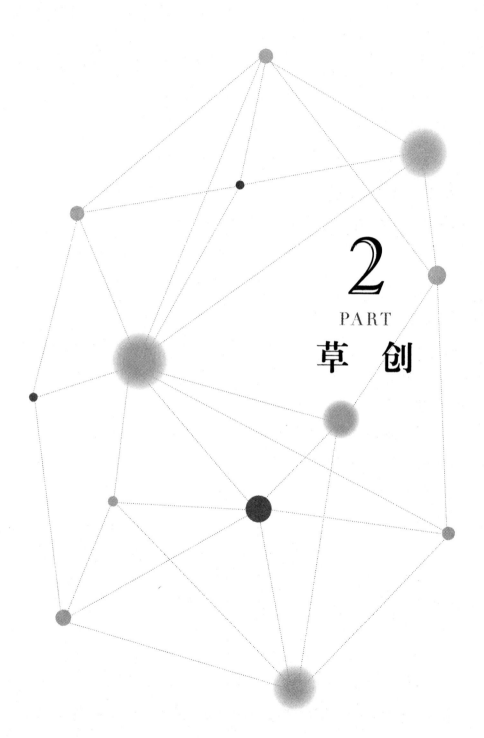

2
PART
草 创

1-9-90 法则：
拿下第一批用户

　　最初，UberCab 上线的时候，规模很小，在旧金山只有几辆车，仅向大约 100 位朋友开放。据卡兰尼克回忆，那时他常常会打电话给朋友："喂，你叫得到车吗？车来了吗？你能叫到一辆吗？"从朋友那里得到的回答，应该算是 Uber 最早的产品运营反馈数据。

　　这 100 位朋友并非随机选择。卡兰尼克和坎普的早期客户定位是硅谷的高级白领，也就是说，他们走的是高端路线，定位于那些需要赶赴商业谈判的人，或者打算与女孩约会的人，为他们的临时需求提供一辆高端专车。

　　今天的 Uber，尽管仍然保留了高端车服务 Uberblack，但整体早已平民化、平价化，满足的是普通人群高频次的日常出行需求。实际上，这种日常的出行需求也是 Uber 最重要的根基和收入来源。那么，为什么一开始不这么做呢？

　　一个现实的原因在于，创业起步之初，卡兰尼克和坎普把钱都花在了产品开发和团队身上，而且早期没有投资，全凭几个创始人的资金启动，没有足够的实力建立起足够的车辆密度来满足人们的日常出行需求。

另一个原因是，在资金、实力、经验都相当有限的创业早期，不可能事事兼顾，必须把时间和精力花在"1厘米宽，100米深"的事情上。

所以，在用户定位方面，卡兰尼克和坎普很谨慎，他们知道一个产品不可能在起步之初就吸引所有人，不可能一口气覆盖100%的用户。所以，他们决定先找出1%的用户，也就是产品的第一批种子用户。

通常，早期建立用户模式的要点在于，从小的"群体"出发，粘住目标用户群体之后，再吸引更多用户加入。

打个比方，早期的UC浏览器瞄准那些使用WAP方式上网的用户，一心改进产品"节省流量"这一核心功能，从而成功地圈占并牢牢粘住了这批用户，最后也吸引了其他用户加入。

风靡全球的GoPro摄像机，所有的产品功能设计和优化都是为了满足特定用户的拍摄需求：极限运动爱好者。当极限运动者将自己拍摄的令人尖叫的惊险视频传到社交网站，这一产品便开始以超强的拍摄稳定性闻名于世，最后发展到一般户外爱好者，甚至一般家庭都会采购的地步。

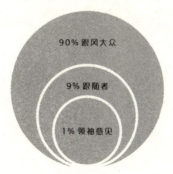

这就是屡试不爽的"1-9-90法则"：由上而下，1%的人作为潮流领先，9%的人追随，再由这9%的用户影响其余90%的人群。90%的人群是跟风的大众；9%的人是追随者，同时也是有一定传播力、影响力的人；1%的人是先行者和意见领袖。重点是找到这个1%。

这个时期的卡兰尼克和坎普，遵循了硅谷的"宝贵经验"：一款互联网产品的最佳种子用户，要么是高端人群，要么是圈内人士。

原因很简单，这两类人往往更容易接受新事物，心态更开放，而且能够提出更多更好的产品反馈意见；他们通常也热衷于向人们传播新事物，由于他们在自己的圈子里向来充当流行的先行者和风向标，在圈子之外也具备影响力和说服力，所以一旦他们愿意为产品发声，带来的传播效果将是难以置信的。

基于以上理由，Uber 最初瞄准的人群，多数来自硅谷创业圈、互联网科技行业，也就是卡兰尼克和坎普的那 100 位朋友。不过，事情当然不会如想象中那么顺利。

早期，由于 Uber 的车辆还很少，技术（包括电子地图的精度、时间算法的准确度，以及后台数据的缺乏）也不完善，导致很难实现"一键叫车"、数分钟内车辆必达的理想使用场景。所以，一开始用户数量增长缓慢。

对于 Uber 这个产品来说，永远存在这样一个问题：车辆少则用户少，用户少则车辆少，反之亦然。Uber 需要进入的是车辆多、用户多的良性循环，但前提是两者必须同时增长。早期的 Uber 团队做得最多的几件事，除了完善产品之外，就是找车、找司机、找乘客：一部分人去找司机合作，一部分人同时去找乘客加入。为此，他们几乎用尽了各种手段。比如去各种展会发传单，找汽车协会谈合作，或者让 Uber 汽车出没于硅谷的大型科技会议现场，为参会人员提供免费的接送服务，以期吸引用户。

当然，不可否认的是，作为关键的 1%，在 Uber 早期的成长中，种子用户发挥了重要作用。他们在社交媒体上谈论 Uber，在办公室里提及 Uber，有的后来成为 Uber 的员工、高管、投资人，几乎是自动自发地承担起了 Uber "代言人" 的任务。

试想，如果亚马逊的创始人杰夫·贝索斯在 Facebook 或 Twitter 上对 Uber 赞不绝口，结果将会如何？也许得到的宣传效果比花钱做 10 个广告都要好。实际上，杰夫·贝索斯的确对 Uber 青睐有加，他是 Uber 最早的投资者之一，和卡兰尼克私交甚好，人们评价他们是"两个惺惺相惜的暴君"。

逐渐地，Uber 在网络上开始小有名气，很多人都知道硅谷出了个新鲜有趣的手机软件，可以用来快速叫车。这是一个优雅而便捷的软件，复杂的程序都在后台，用户可以随时察看车辆位置和抵达时间，这样就不必站在街头傻等。

在第一批种子用户的影响下，终于有越来越多的人开始使用这款软件，Uber 的车辆和合作司机也越来越多。随着运营经验的积累和用户的增多，Uber 开始根据使用场景细分用户类型：

经常光顾各种俱乐部、派对或活动的人；

经常需要出差的商业人士；

游客；

在恶劣天气里需要出租车服务的人；

习惯过夜生活的人；

……

针对这些核心的用户群体，Uber 早期（包括后来在进驻每个新城市之后的市场开拓期）常用的策略是：在特定的"消费节点"，集中大量车辆资源为大量用户提供服务，简单来讲就是，哪里聚集着人群，哪里有需求，Uber 就去哪里。同时配套使用免费策略，用免费作为"入场券"，培养用户的使用习惯和黏性。

为了让第一批用户成为传播节点，Uber 也下了功夫，包括与核心用户频繁互动，设置内容分享和邀请机制等。比如 Uber 的打车优惠和邀请码，新用户被老用户邀请进来之后，可以直接使用老用户的优惠码，乘车款立刻到账，而老用户在新用户乘车之后也会得到相应奖励，这样就同时保证了新用户的加入"动力"和老用户的分享邀请"动机"。

初期的 Uber，还顶着 UberCab 的名号摸着石头过河，既没有颠覆传统行业的野心，也还不具备清晰的产品壁垒和运营思路，但是，对首批种子用户的精准抓取和用心维护，已经为 Uber 日后的成功埋下了伏笔。

Growth hacking:
大流量，裂变，有效留存

2010 年 8 月，在 UberCab 上线两个月之后，首批种子用户之一、著名的天使投资人克里斯·萨卡在 Twitter 上发声，呼吁粉丝关注 @UberCab。

这条推特并未引起巨大反响，也并未让 UberCab 一夜成名，最多只能说在硅谷创业圈投下了一颗石子，引发了一些波澜，也给 UberCab 带来了一些话题和关注度。

这是一个好的开端。今天我们去关注 Uber 早期做过的所有事情会发现，我们很难说哪件事情是造就 Uber 成功的关键，也很难辨别出哪个决定不可或缺，哪个举动可有可无。所有的事情都是必要的，无论好坏，都是推动 Uber 一步步发展至今的关键节点。

克里斯·萨卡的这一次发声，距离 Uber 得到第一笔天使投资不到两个月时间。这个时候，Uber 仍然只是一个在创业圈、投资圈内小有名气的产品，还远远没有达到被大众所认知的地步。

对于一个全新的产品来说，最困难的事情就在这里：如何突破圈层，走向大众视野，如何实现从 0 到 1 的"冷启动"过程，如何打开市场，如何从无人问津到小有名气，如何从用户一无所知到建立起良好口碑。

卡兰尼克很清楚这一点，他曾说："有好的想法，有很好的创意，还需要知道如何把东西推向市场。在硅谷，人们称之为 growth hacking（包含 5 个过程）。你必须知道如何能创造病毒式传播效果，如何创造一个创意、内容或视频、产品或一个手机软件，并找到方法，让人们不但愿意使用它、喜爱它，还愿意与其他人分享它。"

Acquisition 用户获取	Activation 激活注册	Retention 保留活跃	Referral 推荐分享	Revenue 变现模式

即使是在短时间内获得巨大成功的 Uber，完成这一步也相当艰难。从 2010 年夏天推出，直到 2011 年 10 月，经历了一年多时间的发展，Uber 虽然已经扩张至美国的数个城市，用户数量却才达到 9 000 人，相比其他的成功产品，如迅速风靡的 WhatsApp、Instagram，增速实在太慢。

当然，这也是由 Uber 这一产品的特殊性所决定的。WhatsApp 和 Instagram 都属于单纯的线上产品，不受地域限制，只需在线上引爆，就能够实现巨大的传播效应，而且单个用户获取成本低，因此能够短时间内聚集庞大的用户群。而 Uber 不同，车辆、司机、乘客的布局缺一不可，只有达到一定的数量临界点和平衡点，才能实现爆发式增长。

所以，对 Uber 而言，重点在于前期的积累，也就是冷启动的过程，只要这一步没走错，日后的迅速扩张就会非常顺利。来看看 Uber 是如何完成这一步的：

第一招：烧钱布局。

在用户达到 9 000 人之前，Uber 已经拿到了好几笔天使投资，加起来也有千万美元以上，这些钱都花在哪里了呢？布局。

Uber 的盈利模式是从每一笔车资中收取 20% 作为佣金，但在产品运营早期，这笔钱通常是收不回来的，不仅收不回来，Uber 还需要烧钱补贴司机和乘客，这样才有可能一无所有地在一座陌生城市里建立起属于自己的车队。司机必须感到有利可图，至少比开出租划算，才会愿意加入；有了一定数量的车，才能确保一定数量的用户都能打到车；而乘客必须感到乘坐 Uber 体验更好、价格更低，才能建立起使用习惯。

这是一个环环相扣的布局，从无到有，最直接、最有效的办法就是烧钱。

首先是找车辆，找司机。最早，Uber 是通过与租车公司签订协议，花钱租用这些汽车的使用权限，换取开车司机的合作。今天，千千万万的司机带着自己的私家车争先恐后加入 Uber，但当 Uber 处在一文不名的创立期时，没有司机和车辆愿意免费加入。

其次是找乘客。注册 Uber 的过程稍稍有一点让人不放心，因为必须先绑定信用卡才能使用。为了让用户卸下心防，Uber 展开了很多免费乘坐的活动，包括直接免费，首次乘车优惠，等等。这些当然都是要花钱的，给用户免了费用，司机付出了劳动，当然要收钱，这部分钱自然由 Uber 贴补。

再次，宣传推广。即使只是发发传单，印刷也要花钱，发传单的人力也要花钱雇用。虽然 Uber 不做常规的广告，但线上付费点击推广还是做过的，这些也要花钱。

第二招："笼络"司机。这实际上仍是"烧钱布局"的延续。

很多人指责 Uber 对司机不够友善，有时甚至很无情，的确，Uber 对待司机的方式可以用四个字来形容：简单粗暴。尤其是在 Uber 的早期，基本不讲人情，只讲利益，直接用利益进行"笼络"。

这个逻辑很本质：司机加入 Uber 开车是为了赚钱，也许有人是为了体验生活，或者和人聊天，但赚钱这个动力，绝对是最本质、最长久的动力。所以，对待司机，利益驱动就够了。

所以我们会看到，Uber 在进驻一个新的城市，从零开始时，传递给司机的往往是这样一些信息：

一天赚够 500 美金，相当于出租车司机一周的收入

每天两小时，赚够全家生活费

……

通过各种手段，比如免去佣金，提供高额补贴，根据工作完成情况设置奖励，提高派单效率，减少空驶浪费……实际地让司机得到利益，这是早期冷启动布局车辆和保证司机活跃度的关键。

试想，当一个司机每天利用空闲时间接单，赚到的钱和他正常工作的薪水一样多，甚至更多，同时还能获得来自 Uber 的奖励，他当然会更愿意多开车上路接单。司机的活跃度上来了，这意味着用户的体验也提升了：更多的车，保证了叫车的效率。

第三招：对用户"雪中送炭"。换句话说，就是及时地出现在那些最需要车却又打不到车的人身边。

比如天气恶劣的时候，或者新年夜，出租车通常都不出来拉活，但这个时候，往往又有大量的人需要用车，Uber 就在这种时候倾巢而出，抓住出租车供不应求的时机，让那些急需用车的人在最需要车的时候享用 Uber 的服务。

这些在最需要的时刻接受了服务的人，最容易转化为 Uber 的忠实用户，与产品建立黏性。

在不同的城市，Uber 会根据当地交通特点和用户情况的不同，为产品的"冷启动"设置不同的重心。比如在芝加哥，由于当地夜生活丰富，天气变化无常，再加上各种赛事多多，所以 Uber 车辆在芝加哥的需求是其他城市平均水平的两倍以上。很多时候乘客都面临打不到车的状况，因此 Uber 芝加哥分部就会特别注重这些特殊的节点，重点发展车辆密度和服务执行力。

而在华盛顿，由于当地人对出租车服务格外不满，导致 Uber 只需稍稍用心，瞄准出租车匮乏的时刻出没在城市街道上，就在这座城市实

现了惊人的增长速度：每个月的用户增幅都达到 30% ~ 40%。

　　Uber 从创立之初就不走寻常路，既不做广告，也不玩借势（最多借一借政府封杀的舆论之势），完全靠资本＋利益驱动＋便捷体验，完成了一座又一座城市的早期布局。

　　而挡在不走寻常路的 Uber 前面的"阻碍"，才刚刚开始。

禁令来了，
我依然乐观得无药可救

2010 年 10 月，UberCab 上线四个月后，旧金山市交通局和加州公共事业委员会联合对其下达了停止运营的指令。

理由不难猜到。出租车行业向来是受到严格监管的，采用的费率、缴纳的税款、发放的专业执照，乃至车身的颜色，都必须遵守统一规定。而 UberCab 一开始是和高级租车公司签订协议，但费用的计算方式却是出租车那一套，因此遭到政府监管部门的指责，被认为模糊了高级租车与平价出租车之间的界限，而且费率未经审查，车辆也没有漆成规定的颜色，毫无疑问属于违规行为。

此时的 UberCab 还没有像后来的 Uber 那样，将空闲的私家车和个人司机引入运营范畴，这无疑是更严重的"违规"行为，因为大多数国家的法律法规都有规定，私家车不得提供有偿租赁服务。即使如此，使用租车公司的车辆，却利用 iPhone 手机做出类似出租车的费率计算，这已经违背了旧金山和加州主管部门的审查制度，遭遇叫停禁令一点也不意外。

这是 Uber 收到的第一封来自政府部门的禁令，也是 Uber 发展史上的一个转折点和里程碑。

是困境，还是挑战？是阻碍，还是机会？不同的人面对这样的境遇，或许会得出不同的答案。"擅长"战斗的卡兰尼克得出的答案很简单：不怕被禁，就怕没人理。还有什么比无人理会的产品更可怕?

1845 年法国蜡烛商反讽请愿书	请求遮蔽太阳（照明竞争者）

倘若一件新事物诞生后，既无人叫好，也无人踩压，那肯定不正常。新事物的诞生，总是伴随着旧事物的阻挠和蜕变的阵痛。但是，有时候，冒天下之大不韪，容易让人误以为自己是错的。卡兰尼克过去也曾因此失去信心，幸好他天生好斗，并且懂得享受失败的过程，因为他很清楚，失败意味着他还有机会扳倒失败。而扳倒些什么，打破些什么，改造些什么，创造些什么，这是让卡兰尼克此生最感兴趣的事业。

所以，收到禁令的卡兰尼克没有陷入沮丧，反而很兴奋，逢人便说："他们要封杀我们，这个项目要成了！"

数年的创业经验和商业敏锐度让他意识到，这是一次让 Uber 扬名的机会。

今天我们回过头去看看，在邮政一统天下的时代，连快递都是违法的，简直令人难以置信。当时的快递公司，可以说都在夹缝中生存，到处躲避邮政部门的稽查，动不动就被开出高额罚单。假如所有的快递公司都在当时选择放弃，顺从旧事物的"禁令"，今天我们恐怕就无法享受到便捷高效的快递服务了。

同样的道理，假如 Uber 此时选择了遵守禁令，还会有日后遍及全球的打车软件吗？恐怕我们至今仍然站在街头，将打不到车视为常事。

当然，卡兰尼克并没有傻乎乎地沉浸在喜悦之中，在为禁令欣喜的同时，他理智地做了三件事：首先，他决定无视禁令，继续运营。

既然引得政府部门和传统行业跳脚了，说明 Uber 已经触动了它们的利益，前途无量，傻瓜才会在这时乖乖听话停止运营。就这样，Uber 依然在被禁的旧金山市到处跑，同时开始谋划向其他城市扩张。

他做的第二件事是，改名字。

政府禁令振振有词的原因之一是，UberCab 使用了 Cab（出租车）这一字眼，但问题是这家公司并没有获得政府下发的出租车执照。

于是，卡兰尼克和坎普用 2% 的公司股份从法国环球音乐集团手中买下 Uber.com 这一域名，将 UberCab 正式更名为 Uber。用意很明显：既然你说我不是合法的 Cab，那我去掉行了吧？这种钻空子、找漏洞的无赖打法，后来一度成为卡兰尼克和 Uber 团队最拿手的对抗招数。

第三件事，卡兰尼克发动网友组织了一场请愿书签署活动，一场向市长信箱发邮件的抗议活动。

这种做法相当聪明，在后来的"Uber 反禁令生涯"中也屡试不爽。Uber 一方面表现出无惧抗争的姿态，请愿、抗议，轮番上阵，试图为自己的生存空间争取合法权利，同时也为得到便利出行体验的用户争取权利。另一方面又是"示弱"的姿态：政府是强权，我们是弱者。这两种姿态，在美国那种强调个人权利、崇尚个人英雄主义的价值观念和大环境下，很有效。结果在用户的支持下，在舆论的压力下，这纸禁令最终不了了之，Uber 由此在旧金山市扎下根来。

在这次被禁事件之后，Uber 声名鹊起，开始收到多方投资。就在接到禁令的 2010 年 10 月，Uber 就收到了第一笔天使投资 130 万美元，此后还收到过几笔额度不大的天使资金。到了 2011 年 2 月，美国基准资本管理公司向 Uber 投资 1 000 万美元。这时，发展不到一年的 Uber，估值达到了 6 000 万美元。

考虑到 Uber 当时并不算多的用户数量，以及仅在少数城市布局的规模，可以看出，这个估值数以及注资额度，更多的恐怕是投资给 Uber 在与旧事物的交锋中所展露出的未来的可能性。

卡兰尼克的聪明而无赖的举动，最终让 Uber 因祸得福。

从一开始，这就不是一场公平的交锋。政府监管部门利用手中的权力，强制性地打压 Uber 的存在。旧金山市还算温和，只是下发禁令，在华盛顿，Uber 于 2011 年 12 月上线，不到一个月时间就引爆了市场，因此很快传来管理部门即将宣布 Uber 非法的消息。但实际发生的事情，远远出乎 Uber 团队的意料。当时，一位管理官员找到 Uber 的负责人，要求试乘，负责人以为事情有转圜的余地，于是答应了，结果这位官员让车子停在了华盛顿著名的五月花酒店门前，事先召集的媒体已经等在那里，车子直接被扣押，并被开了一张 2000 美元的罚单。

在 Uber 的发展历程中，来自世界各个国家城市的禁令、罚款、非法化、驱逐、打压，一直都没有断绝过，很多时候，这些"强权"的欺压看起来都是理直气壮、不由分说的，但换个角度来看，这或许也是一场公平的交锋。监管部门挥舞着手中的法规和权力，而 Uber 的武器则是不可阻遏的科技发展潮流：人们需要 Uber，需要更先进、更便利的科技手段和生活方式。

卡兰尼克在禁令面前欢欣鼓舞，其实是在为这一场即将拉开序幕的漫长交锋而兴奋。因为从长远来看，不管过程多么曲折，胜利总是会属于新生事物的。

Uber 全球运营总监瑞安·格拉夫斯曾经说过："大家经常认为一件事情不可能做到，原因很简单，大部分情况下，他们并没有将一件事情做彻底。"Uber 几乎从不妥协：被禁止，要么视而不见，要么躲开监管，要么就用各种方式进行对抗，总之不会停止自己的脚步，也不会改变初衷。在 Uber 团队的眼里，唯一重要的事情就是如何为更多用户创造更好的出行体验，这是 Uber 赖以生存的根本，至于禁令，要么成为 Uber 获取用户支持的工具，要么成为 Uber 成名的踏脚石，要么成为 Uber 奋起的机会，要么就变成 Uber 发展壮大之后的一个笑话，而不可能变成 Uber 发展的阻碍。

创业者应该是"不可救药"的乐观主义者，尽管创建一个公司好比身处一个拳击擂台：你需要小心翼翼地进行比赛，还要不停地关注是否时机已过。但最重要的前提是，你敢于在别人认为不可行的时候行动。乐观会孕育解决方案，乐观地认为事情可以成功，结果就会影响到周围的人都认为事情可以成功。所以，当人们看到卡兰尼克和 Uber 在面对阻碍时的积极态度时，也会不自觉地愿意相信他们真的可以成功。

建立早期壁垒：
技术至上，别到 Uber 找情怀

一般来说，互联网产品在核心技术上对行业内已有的科技巨头都有很强的依赖性，如果单独进行研发，必然承担不起高昂的研发成本。比如，一款基于位置应用的社交软件，必然会选择搭载已有成熟技术的地图产品，而不会选择自己去研发地图或者定位技术。

Uber 一开始也没有自己研发地图，而是直接选择采用 Google 地图来进行导航和定位，同时也使用 Google 的时间算法来估算汽车抵达时间。结果发现，这套算法计算出来的时间平均有 3.6 倍左右的误差。

如果是一款社交软件，误差几分钟的时间算法不算什么大问题，但对于打车软件而言，"速度即生命"，几分钟的误差几乎就是生死线。

意识到这一点的 Uber 果断放弃了 Google 的 API，自行组建了一支由火箭研究科学家、计算神经学专家和核物理学家组成的团队。

由于没有历史数据可用，初始阶段的研发相当艰难，但最终正是由这支团队带头，Uber 研发出了一种准确度更高的算法：比 Google 精确 3 分钟。当算法开始发挥效用，用户、汽车和相关数据越来越多后，对时间的预计也就变得越来越精确。时至今日，这一套独有的算法仍然基于庞大数据运转不停并不断进化，而且已成为 Uber 最为强大的竞争壁垒之一。

听起来很厉害，但 Uber 研发算法的初衷，其实只是优化体验、留住用户而已。这和"谷歌十诫"第一条不谋而合："一切以用户为中心，其他一切纷至沓来（Focus on the user and all else will follow）。"

很多人分析过 Uber 的"用户观"，最后得出的结论总是模棱两可。因为 Uber 的确相当重视用户体验，但有时又显得不近人情，丝毫不将用户放在眼里。举个例子：

Uber 的目标是在每个城市实现 5 分钟（在有的城市，这个目标被降至 3 分钟甚至 2 分钟）之内叫来一辆车，为此，Uber 设计了一整套产品运营规则，重新研发了时间算法，这本身就是对用户体验极度重视的体现。

但是，当面对用户意见或反馈时，Uber 却一点也不积极。只有在收到投诉时，Uber 才会依照软件内部设立的投诉等级进行处理；而当用户抱怨时，Uber 就开始"装聋作哑"了——简直像一个机器人，只能处理程序规定的事情，程序之外的事情就无法理解。

尤其是当 Uber 扩张的步伐延伸至更多城市时，它所设置的用户反馈机制也越来越精简，通常留给当地司机和乘客的，只有一个电子邮箱，连电话号码都没有。

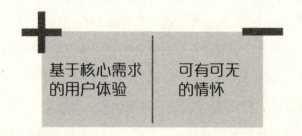

基于核心需求的用户体验　｜　可有可无的情怀

谷歌"无人驾驶之父"塞巴斯蒂安·特龙（现已离职）曾经兼职做过 Uber 司机，前两次，他的服务都获得了乘客的 5 星好评，但在那之后却忽然被 Uber 封号了。他向 Uber 发出询问，却没有获得任何答复。

这几乎是 Uber 的一贯做法：忽然之间就毫无预告地封号，既不回应司机的投诉或询问，也不提供车主违规的证据。

2015 年 10 月份在中国成都，Uber 曾经集中封掉 500 个账号，被封号的车主们提不出账户里的钱，想跟 Uber 找个说法，于是自发地建了个群，在群里讨论，结果一问，根本没人知道 Uber 在哪儿办公。在很多城市，Uber 团队为了避开监管，就像打"游击"一样，神龙见首不见尾，这样的状态当然不太可能提供较好的服务。

事实上，考虑到 Uber 在各个城市极端精简的人员配置，试图纯粹依靠技术和实现设定好的程序和规则来解决问题也不足为奇。

来看一个数据，就能明白在 Uber 技术被放在什么样的位置上：至今为止，Uber 全球员工达到 4 000 名，其中技术人员就达到了 1 200 人，占到了将近三分之一的比例。

Uber 的做法是：能用钱解决的问题就用钱解决，包括前面讲到的烧钱布局，以及在和政府监管部门和传统行业抗争过程中，在公关舆论和政治游说方面花钱；能用技术解决的问题就用技术解决，绝不麻烦人力。

打个比方，Uber 设置有专门的用户投诉规则，事先对最常见的一些投诉进行归类，根据严重程度设置投诉等级，以及投诉处理办法，详细地规定了遭遇投诉的司机将承担的后果。用户投诉时，可以根据系统提供的选项进行选择，系统收到投诉后，自动做出反应。整个过程，不需要任何人力介入。

这样的方式一点都不温暖，也不亲切，用户面对的是冷冰冰的选项，司机面对的是冷冰冰的处理结果。但是，谁也不能否认，很方便，程序一清二楚，处理方式公开透明，用户不需要跟人工客服啰唆半天，才能得到一句"稍候处理"的答复，当然，同时也得不到歉意和有温度的问候。

要来 Uber 这里寻找情怀和温度，那就找错地方了。

Uber 在美国最大的竞争对手 Lyft 打车软件，几乎全盘复制了 Uber 的产品功能（当然，在 Uber 占据核心优势的技术壁垒方面，很难复制），唯有一点，故意和 Uber 做出区隔：Lyft 打出的是亲切牌，在司机服务态度以及产品客服方面，做了很大的改进。实际上，这就是在针对 Uber 冷冰冰、毫无温度的产品特色，利用用户在这方面的不满做文章。其结果，的确有一部分用户转投 Lyft。但总体来说，Uber 的优势地位难以撼动。原因很简单，用户的核心需求是希望用最短的时间、最快的速度叫来一辆车，满足日常出行需求，除非特别有空，否则，谁也不会愿意站在街头多等一分钟，只为了能够得到更亲切的服务。

Uber 的"技术至上主义"，一方面是出于创始人对技术的崇尚。卡拉尼克自己就是"极客"，工程师出身，他曾强调："对 Uber 来说，我们希望确保可以拥抱技术，不是抵制技术，我们希望成为未来的一部分，不是阻挠它。"

另一方面，则是出于对用户核心需求的把握。Uber 的一切技术创新，都是围绕这一核心需求。只要保证用户随时随地以最快的速度打到车，这就够了。而这也恰恰是最难做到的一点。为了做到这一点，Uber 必须全力专注于技术，包括地图技术、GPS 导航技术、派单机制的优化、时间算法优化、后台数据运用、运营规则的调整、定价机制优化……

要将这些技术完善到形成竞争壁垒的地步，必然有所取舍：要技术，就不能要情怀，甚至需要剔除人情的温度。

Uber 早期的"游戏规则"就已设置得非常精密，比如注册时必须绑定信用卡，这一步在第一次操作时会稍稍有些麻烦，而且由于是强制性的操作，不完成这一步就无法体验后续的功能，所以曾经引发部分用户不满，但它带来的方便不言而喻：下车时，拍拍屁股就可以走人，信用卡自动划账。

假如将这一步设置为自由选项，任由用户选择是否事先绑定，似乎也没什么不可以，让用户先体验再付款，更符合人性习惯。但比起习惯，Uber 更信奉技术和效率。只不过，并非所有用户都明了这一点：提升效率，有时看似不近情理，最终惠及的仍是用户。

再举一例：Uber 的规则是系统直接给司机派单，司机无法抢单，无法事先得知目的地，用户也无法选择司机，一切都为效率而"牺牲"。于是，用户很容易遇上这样的事：最近的车很快到了，一听目的地，司机不愿意去，拒单。针对此，Uber 又设置了司机拒单扣分的规则，与之配套的是规定拒单几次出局、评分低至多少出局，以及什么情况下无法获取奖金或补贴，等等。总之，一切都由技术和规则来调控，无须人力和管理介入，用户也没有选择的权利。

甚至到了后来，司机多了，Uber 干脆设计了一个自动筛选机制，对评分在三星以下的司机直接刷掉，用户都不会接触到。

技术至上，其实是硅谷很多创业者奉为圭臬的价值观。但很少有产品像 Uber 这样，如此彻底地剔除人性和情怀的因素。有人据此说它是一款"反人类"的产品，但不可否认的是，它的初衷是想要造福人类，至今，它也仍然在实践这个初衷。反过来想，对技术的追求达到极致时，这未尝不是另一种情怀的体现。或许 Uber 身上这种极端的特性，才是它真正的"壁垒"和魅力所在。

3
PART

渗 透

越是高频需求，
越适合最土的传播方式

2015 年 10 月，WBAL（美国马里兰州巴尔的摩一家新闻机构）一则报道称，马里兰州一名嫌疑犯在持枪抢劫药店成功后，搭乘一辆雷克萨斯逃跑。事后，警察追捕并拦下了这辆车。经过调查发现，这是一位 Uber 司机的车，当时司机只是在正常拉客，并非抢劫犯的同伙。也就是说，事情的真相是，这位抢劫犯在抢完钱后，拿出手机叫了一辆 Uber 作为他的逃跑工具。

尽管这是一个相当吸引眼球的有趣故事，但对 Uber 而言，这种事件很容易引发公众对 Uber 安全性的质疑，并不适宜用来大肆炒作，但它的确颇具戏剧性，也颇具说服力地证明了 Uber 的可靠和快捷。

作为 Uber 的创始人兼 CEO，卡兰尼克至今仍然保留了不管去哪儿都乘坐 Uber 出行的习惯。他说，这不仅是为了时刻体验产品，保持敏锐度，也是因为对一个经常在全球各地出差的人来说，Uber 的确足够方便。当你可以随时随地在 5 分钟之内乘上一辆 Uber，为什么还要在机场等待接送，或者在陌生的城市耗费时间租一辆车，然后到处寻找停车场？

这种建立在出行网络上的可靠性和便捷性，是 Uber 在全球范围内获得成功的关键，也是 Uber 在早期得以实现用户"自增长"的关键。

如今回过头去看 Uber 的成长史，我们会发现一个共同的"规律"：在每座城市找到并维系好第一批用户之后，Uber 基本就不用再费太多劲了，用户数量自然会步入"自增长"的轨道。

原因是第一批使用 Uber 的人，基本没有恶评，几乎每个人的评价都是：太棒了！太方便了！太令人惊喜了！

比如 Uber 第一批用户，也是 Uber 的早期投资人比尔·格利就曾评价："Uber 是一个伟大的产品。这款产品很棒，还不用花几十万美元做营销。"Airbnb 联合创始人兼 CEO 布赖恩·切斯基也对 Uber 赞不绝口："有了 Uber 都不用买车了。"

今天的 Uber 经过了 86 次版本更新，无疑比初始版本完美得多，即使如此，也经常遭遇用户的不满和抱怨，但在刚刚问世时，Uber 却获得了用户 100% 的好评。想象一下大多数人从传统出租车行业那里得到的糟糕体验，就不难理解他们第一次使用 Uber 的"惊喜"。正如一位 Uber 用户所说："之所以使用 Uber，很大程度上是因为它和令人失望欲绝的出租车服务比起来简直好太多了。"

设想这种评价进入人们的日常对话，在办公室、咖啡间、休息室，在某一场 party 的现场，在朋友或家庭聚会时，某个人提起他乘坐 Uber 的经历：手机下载一个软件，一键叫车，几分钟车就来了，不用给小费，直接划账……周围人的反应恐怕大多都是：什么？这么方便？我也试试！

事实的确如此。卡兰尼克曾经描述过 Uber 的"口碑传播"："我说的就是传统的口耳相传，比如在办公室的茶水间，在餐馆你要埋单的时候，在朋友的聚会上，有人会说：'谁用 Uber 回家吗？'我们 95% 的用户都是从其他 Uber 用户那儿听说 Uber 的。"

一种高频次的日常的需求，最适合通过口耳相传这种"最土的方式"

进行口碑传播。因为高频次（每天都有需求），也因为试用门槛和成本低（只需下载软件注册），所以潜在用户听说了这个产品之后立刻就能够进行尝试，这使得口耳相传的实际转化率极高。

之所以说口耳相传是"最土的方式"，是因为自从进入现代工业社会，产品的推广和品牌传播更多地依赖广告营销手段，通过各种媒介和渠道大范围地进行宣传和消费意识渗透。而口耳相传是传统商业社会的方式：一个人购买、使用了某个产品，觉得很不错，于是向身边的亲朋好友推荐。从转化率上来讲，后者远高于前者；但从传播范围和效率上来看，前者也远高于后者。

到了互联网时代，事情发生了变化。口耳相传再次成为传播的关键，只不过不再局限于地理位置的限制，你不再像过去那样只能告知身边的亲友、同事，当你将一次使用 Uber 的记录、一则搭乘 Uber 时遭遇的趣闻，或者一张在车上拍的照片传送到社交媒体，那就相当于向更多人"口耳相传"。

总的来说，与传统的广告宣传和口耳相传相比，互联网时代的口碑传播有几个优势：成本低、效率高、影响范围广。

作为一款互联网产品，Uber 的口碑传播除了线下传统意义上的"口耳相传"，很大程度上也是依托互联网平台。在庞大的、紧密联结的互联网世界里，每个 IP 都是一个传播节点，一旦发声，就能触发更多传播节点，实现扩散式传播的效果，鼠标在社交平台上的一次点击，就能在极短时间内影响千万人。

用户良好的口碑，一直是 Uber 向传统行业"开火"、向政府部门"叫板"、向全球市场"高歌猛进"的最强有力的后盾。据统计，平均每七个 Uber 用户就会通过口耳相传的方式带来一名新用户。这个数据很惊人。但是，这里需要做一个区分：

当 Uber 还只在旧金山市及周边几个城市小范围、小规模开展业务时，口碑传播的最大"功臣"应该是那些发生在办公室、餐厅、酒吧、party 上的对话：一些人向另一些人推荐 Uber，直接带来潜在用户的转化。

但是，当 Uber 开始在全美范围，以及邻国加拿大的几个城市发展时，严格来说，每一次向新的城市进驻，都并非像早期那样从一无所有起步，因为当地的很多人早就听说过 Uber 了，他们从社交网络、从朋友的主页上获知信息，内心早就期待着有一天 Uber 能够进驻自己所在的城市。

这就是互联网上的"口耳相传"带来的价值，它或许不会让人们马上行动，却能够制造舆论和影响力，用一种潜移默化的方式让很多人早早转化为 Uber 的潜在客户。

在 Uber 获得众多用户青睐，一跃成长为硅谷估值最高的新兴企业之前，几乎没有人预料到它会突然间迎来飞速增长。毕竟在走出国门之前，它的用户数量一直不温不火。直到今天，比起用户数量动辄好几亿的社交 APP，Uber 近千万的用户仍然算不上庞大，但是，每天数以百万计的订单量，已足够撑起一个全球化的打车帝国。

很多人认为 Uber 没有做过广告，完全靠口碑效应而崛起，这种说法多少有些将 Uber "神化"了，实际上，Uber 一直都在点击付费广告上花钱；在纽约等城市，为了制造舆论与政府禁令对抗，也曾拍过视频广告和户外广告。但良好的口碑大部分都是在用户之间自发形成的，和这些广告的关系并不大。

还记得巴黎糟糕的公共交通状况吗？2008 年冬天，正是因为在巴黎打不到车，卡兰尼克和坎普才萌生了这个创业点子。三年后，也就是 2011 年的冬天，两人再次赴巴黎参加了 LeWeb 年度互联网峰会。这一次，他们宣布 Uber 将正式走出美国，进军国际市场，第一站就是创业点子的诞生地巴黎。

这不是为了怀旧，仅仅是因为巴黎的出租车现状糟得不能更糟了。

千万人口级别的城市，出租车才 1 万多辆，牌照昂贵，导致车费昂贵，受劳动法保护的司机每天准时收工；而且大多数司机只在固定位置等待接活，这导致打不到车成了常事；而且政府一商议增加出租车牌照数量，司机就开始罢工，结果出租车数量一直都没有增加——出租车行业的问题都是一样，只不过巴黎的问题更严重更极端。

只要有一个糟糕的反例存在，Uber 就能得到用户的支持。站在用户的角度看，口碑的形成几乎是必然："以前，我必须忍受一个糟糕行业的服务，现在，我有了新的更好的选择，傻瓜都知道该选哪边。"

只在乎用户
是否和我们站在一起

在互联网时代，那些令人耳目一新的创新技术或产品，给人带来的感受往往可以用一个字来概括：酷。

比如汽车共享领域的先行者 Zipcar，用户曾经这样评价它："我很喜欢在公司举办会议时使用 Zipcar 的服务，客户看到我开着 Zipcar，会跟我打听这家公司，他们觉得这种服务很酷。"

当全球房屋租赁网站 Airbnb 的租客在欧洲某个国家住进一栋几百年历史的城堡时，想象一下他们会怎么说：太酷了！

Uber 的使用者在第一次使用手机轻松叫来一辆车之后，给出的评价也是如此：这是一个超酷的产品。

酷的含义，你可以理解为有创意、反传统、不走寻常路，或者不跟风、不恶俗、不陈旧、不从众……总之，用户之所以喜欢使用很酷的产品，是因为他们在这个过程中寻求自身价值观、品位、偏好的"镜像"。

人们购买物质的产品，其实是希望找到贴合、彰显自身形象或弥补自身形象的象征物，这种关于自我形象的象征意义，就是产品的附加价值所在。所以斯特克和博恩斯坦在《平衡理论》（*Balance Theory*）一书中提醒商家：如果向消费者呈现"正确的"形象，那么拥有这些特征的人会为了让人注意他们的自我形象而购买产品；而那些不具备的人会为了让自己显得拥有这些特征而购买产品。品牌个性跟用户（或者他们的崇拜者）的个性越相近，用户就越乐意使用这种品牌，品牌忠诚度就越高。

自我形象 ➤ 认 同 ➤ 购 买 ➤ 强化认同

很酷的人，或自认为很酷、希望自己很酷的人，会通过消费或使用一个很酷的产品或品牌来"标榜""印证"自我。反过来讲，当一个产品表现出"酷"这种特质时，它的用户通常也具备这种特质。Uber中国区战略负责人柳甄就说过："我们的用户都是比较酷的人。"在美国，曾有人描绘出 Uber 的典型粉丝肖像：

每年去看 20 场以上音乐现场演出，有智能手机或平板电脑，每天使用 10 个以上 APP，每月在 APP 上花掉最少 10 美元，每月为下载音乐花掉最少 10 美元。

个人宣言是："Yo，我喜欢支持那些我关心的品牌和艺术家！"

每月的总花费结构如下：音乐，6%；服饰，33%；各式体验，17%；科技＋媒体，33%；旅行，11%。

从这些描述可以看出，科技范儿十足的 Uber 和这群用户有着天生的契合。

因为创始人卡兰尼克本身就是典型的"极客"，再加上他的早期团队也是工程师、技术人员居多，做移动开发，做软件，以及搭建平台，都是由一群年轻的"极客"来完成的，这就使得 Uber 这个产品看起来也很"极客"。前面已经讲到，在产品技术层面，Uber 一直坚持做到极致，"技术至上"的气质从一开始就已深入产品的方方面面，所以 Uber 吸引了一群气质相似的用户。

在互联网时代长大的年轻人，通常很崇尚技术。举例来说，假设餐馆有一种产品可以让他们不接触人、不说话，就能够拿到自己想吃的食物，他们一定更愿意选择使用这种产品，而不是更愿意找服务生点餐。

事实上，这一代年轻人早已习惯了坐在电脑前，或者拿着移动设备，足不出户就买到自己想要的一切。他们不会哀叹人与人之间缺乏交流或缺乏现实层面的关系，不会留恋上个世纪的温暖人情，对他们来说，有了互联网就有了一切。

也正是这一群年轻人，拥有和他们的上一代人完全不同的消费观念。他们不认为必须买房、买车，或者买一切东西，因为互联网随时随地可以满足一切需求，他们更倾向于购买物品的使用权而不是所有权——这一群人会觉得 Uber 很酷，是因为它契合了他们那种更新潮的、走在时代前端的生活方式：叫一辆车，随叫随走，只需享受它提供的便利，而不必承担拥有一辆车带来的麻烦。

再加上 Uber 从问世之初，就受到不少名人的青睐。来看看都有哪些名人使用 Uber：NBA 达拉斯小牛队老板马克·库班；特斯拉、SpaceX 创始人伊隆·马斯克；雅虎 CEO 梅丽莎·梅尔；Twitter 首席执行官杰克·多西；维珍航空理查德·布兰森；著名演员爱德华·诺顿……

这个名单还可以列很长，仔细看看会发现，喜欢 Uber 的名人，其实也有一些共同点：他们虽然不算年轻，但都很特别，要么是创业者，科技公司的弄潮儿；要么是个性独特、特立独行的人。

事实的确如此，反对 Uber 的人，多数都是传统的、保守的，而喜欢 Uber 的人，往往是那些更愿意接受新事物、更有眼光和创造力的人。

Uber 在美国，几乎是在不知不觉间就成了一种口头上的流行符号：

叫一辆 Uber 出门

不用 Uber，你就落伍了

......

但 Uber 真正走进用户内心，获得用户支持，进而变成一种使用习惯的关键点之一，是因为它在"毁誉参半"的发展过程中，为用户提供了一种反传统、反权威的价值感和反抗精神。

换句话说，就是当 Uber 一边与一切为敌，一边继续为用户提供高效快捷的出行服务时，那种敢于颠覆既有规则的勇气和反抗强权、坚持自我的姿态，必然会得到用户的响应和支持，同时也会成为用户自我价值的一种标榜。

于是，在许多城市出现了这样的怪相：政府禁令越是严格，传统出租车行业反对的呼声越是厉害，Uber 用户数量反而增长越快。出租车罢工，政府出台禁令，最后看起来很像一场自娱自乐的闹剧，因为乘客的需求不变，他们出行需要用车，没有出租车可坐，Uber 正好捡了便宜。

在新旧交锋不断、乱糟糟的环境下，更多的人倾向于支持顶住压力、持续为用户提供便利的 Uber，就显得不难理解。

就像看比赛的时候，人们天生就有站队的心理，总要支持某一方，比赛才看得有趣。试想，如果 Uber 不曾遭遇阻碍，不曾与旧势力代表展开争斗，或许用户还不会对 Uber 产生强烈的支持感和认同感。正是因为这场新旧之战爆发了，用户才会主动"站队"：尽管那些被时代抛下的出租车司机很可怜，但是作为用户，不支持 Uber，难道去支持糟糕的出租车行业？麻省理工学院经济学教授大卫·奥特尔就曾公开表示："（出租车）行业的特点就是价格高昂、服务低劣、毫无责任感，初创公司来得正是时候，因为每个人都恨它。"

Uber 为什么能够成为一种流行、一种价值观和生活方式的标榜，就是因为它不仅仅是一种可靠、高效、经济的出行方式，还拥有价值、情感层面的意义：它身上的互联网基因所代表的创新价值，它以一己之力反抗顽固势力的精神，引发了用户的认同感。

卡兰尼克在谈到创业时曾说，创业者同时应该是一个销售者。不管是面对投资人，还是面对你的用户，都要擅长讲故事，要把你的故事说出去，让别人知道你在坚持什么、争取什么、反抗什么、追求什么。

被称为"互联网教父"的《连线》杂志创始主编凯文·凯利曾经在一次采访中描述过 Uber "讲故事"的方式："在美国，Uber 遇到的投诉很多，不过反对 Uber 的主要是来自传统出租车公司等既得利益群体，支持 Uber 的主要是用户。我曾经跟 Uber 的全球运营官吃过晚饭，他告诉我，Uber 每进入一个排斥他们的城市时，都会直接跟既得利益者说，欢迎你们来起诉 Uber。同时 Uber 又跟司机说，如果收到罚单，Uber 会替司机埋单。最后 Uber 跟用户说，自己会在这个城市被起诉，希望用户写抗议信声援 Uber。结果往往是用户非常支持 Uber。"

作为传统行业的颠覆者，既得利益的"抢夺者"，Uber 并不在乎自己是否与全世界为敌，他们只在乎用户是否和自己站在一起。实际上，造就了 Uber 增长"神话"的，正是那些一直"和 Uber 站在一起"的用户。

Uber 的核心用户（粉丝、忠实用户）之所以愿意在 Uber 遭遇查封、禁令等"水深火热"之时挺身而出，以写信抗议、示威游行等方式，或者仅仅是以叫一辆车的方式来支持 Uber，很大程度上也是出于对 Uber "故事"的认同。除了情感心理方面的认同，他们还对 Uber 满怀期待，他们比 Uber 自身更期待 Uber 的未来。

在 Uber 核心团队的描述中，未来的 Uber 将是一个伟大的"物流公司""算法公司"，连接一切车、人和物，实时并且高效地满足一切供需。这是人人期待的未来科技生活——比起一个不思进取、只想着维护既得利益的传统行业，人们自然更愿意支持一个哪怕极端也要追求进步的产品和企业。

简单"粗暴"地
做好一件事就够了

在 2008 年巴黎的那个雪夜,当卡兰尼克和坎普谈及自己灵机一动的创业点子时,说得最多的一个词应该是"做":做什么,怎么做,做成什么样,找谁来做,做到什么地步,做到怎样的未来……

然而,等到 Uber 这个产品初步成型,投放市场,并且经历过一些调整,积累过一些经验之后,卡兰尼克和他的团队研究得最多的却是"不做"。

Uber 真正做的事情只有一件,不做的事情反而成千上万。比如,它不做任何现金交易,不接受预订,不设目的地,不允许抢单,也不允许拒单,不做"运送"之外的业务,不做个性化服务……如卡兰尼克所说:"从长期来看,你会看到竞争对手变得更像 Uber,比如开展专车业务,比如实现更经济的价格,开始动态加价……关键是我们如何持续不断地创新,才可以永远领先于模仿。Uber 与其他竞争者不同的关键是:我们判断做与不做一件事取决于此事是否可以大幅提高效率,让乘客获益——是否可以让出行更经济实惠,是否可以让出行更方便,不能满足这两点的事情我们不做。"

不能让出行更经济实惠,不能让出行更方便的事,Uber 坚决不做。

反过来讲，他们只做一件事：那就是让出行更经济更高效。

对互联网产品而言，少即多，这是一个核心理念。想想苹果公司从低谷走向成功的过程：乔布斯回归，砍掉了大部分产品线，聚焦于几款核心产品。

有时候，做产品，你会觉得可以做的事情太多了，你既想把设计做得漂亮，又想追求产品体验的高效流畅，或者你既想满足这一群人的需求，又想同时满足那一群人的需求，这样一来，最后做出来的产品，很容易犯一个错误，那就是"折中主义"：它既不是最漂亮的，也不是最高效的；它既不能成为这群人的必备品，也不会变成那群人的心头之好。

做产品必须做出取舍，哪怕这意味着不完美，你只需要在你追求的方向上做到完美就够了。

如何取舍，一方面视产品类型来定，比如像 Uber 这样的产品，瞄准的是用户频繁的日常需求，自然该追求高效，如果追求个性化，那就必须做高端客户才有可能赚到钱。而像 Airbnb，针对游客或短期租住的房屋共享，不属于日常需求，所以大可追求个性化、漂亮，高效和标准化反而是无用的。

另一方面，视产品愿景而定。Uber 的愿景是什么？最初是"用手机叫来一辆车"，后来变成"在最短的时间内，为用户匹配一辆距离最近的车"，本质并没有变，只是追求更极致的目标。所以 Uber 对产品的取舍就是：舍去其他一切，一切都必须为这个核心的愿景而"牺牲"。

再如，像 Instagram，愿景是快速分享，核心理念是让用户在几十秒钟之内完成一个很流畅的漂亮照片的分享过程，那么它的取舍就应该是：舍去图片特效和功能的丰富性，一切围绕快速来设计。所以，Instagram 的产品使用流程设计得非常简洁，快速登录，仅提供十几种图片特效供用户选择，选好效果，点击就能完成分享。反过来，做 Photoshop，愿景是图片美化，那么它的取舍就应该是：舍弃方便、便捷、高效，一切围绕图片美化功能来设计产品，追求的应该是丰富性、专业性。

我们谈到互联网产品，其实很难说什么是对，什么是错，什么一定成功，什么一定失败，因为这个世界上有十几亿互联网用户，你做任何产品都有可能成功。不信盘点一下史上所有获得成功的产品，你会发现任何功能、类型、领域、特色，都会具备一个或几个成功的案例。所以不能说追求高效就是对的，追求个性就是错的，也不能说漂亮的设计就是好的，追求快速的功能就是俗气的，关键是你自己信仰什么，你的团队信仰什么。信仰技术的团队，做出来的产品很可能就是 Uber，信仰人性的，做出来的可能就是苹果产品，在一个方向做到极致，产品就会达到不可超越的地步。

Uber 的不可超越，有目共睹。时至今日，它仍然是全世界发展速度最快的创业公司，在短短五年时间内，就从小小的旧金山市，扩张到全球数十个国家数百个城市，从最初的一文不名，发展成一个市值数百亿美元的企业。

同样的例子还有很多，如上面提到的 Instagram，专注于图片分享，创立十八个月，市值便超过 10 亿美元；再如社交软件 WhatsApp，就一个核心功能，免费聊天，创立五年，便以 190 亿美元的价格被 Facebook 收购。

今天我们说 Uber 成功，有很多理由，包括站对了风口，有一个好团队，使用了有效的竞争策略，布局市场的能力和管理能力很强等等，但最根本、最核心的理由，一定是来源于产品。说到底，Uber 获得风投青睐、用户支持，是因为这个产品始终如一地在为人们提供高效、便捷、经济的出行方式。

因目标简单而专注，因专注而以少胜多。早期要做到这一点很容易，因为在 Uber 初创时，除了创始人带来的几笔种子资金之外，什么都没有，没有经验，没有资源，没有前车之鉴可供参考，Uber 的开发团队别无选择，只能专注于开发核心功能：搭载谷歌地图，设计一个叫车的流程，并且努力将这个流程化繁为简。

但在日后资金蜂拥而至，要再做到专注就很不容易了。实际上，Uber 在获得充足的空间和资本之后，的确做了不少探索，包括成立新的产品线，快递、送餐、拼车……收购各类企业作为技术支持后盾等等；同时也在不同城市做了不同尝试，比如在有的城市实践一键叫直升机，或者一键叫猫咪，甚至还有通过检测酒精度来叫车的方式，还有在旅游城市实践一键叫户外旅行车、一键叫船等等。五花八门，应有尽有。

但这仅仅只是探索和尝试，有些仅仅是吸睛的营销手段，Uber 的核心业务，仍然围绕同一个核心来进行：如何让出行变得更高效更经济。

这当然不是单纯烧钱、降价、补贴就可以实现的目标。它需要背后的技术团队付出巨大的努力。前面说到的自主研发时间算法，仅仅只是其中之一。Uber 在发展过程中，在一些布局较为成熟的城市逐渐放弃了使用谷歌地图，开始使用自己开发的地图。相比于谷歌地图，运用 Uber 地图的优势在于，Uber 系统会自动记录所有的行车路线和时间，运用后台算法不断优化地图的路线和导航效率，同时，这些被记录下来的路线也能够为 Uber 系统事先预测用户需求提供帮助。

想尽办法减少每一辆汽车的空驶，缩短每一辆汽车抵达用户地点的时间，哪怕只是减少空驶几米、缩短几秒钟，都能够为整个 Uber 出行系统带来巨大的效率提升。

但是，时间算法也好，自主研发地图，导航技术、后台数据的运用也好，技术层面的问题，无法浅显地传达给用户，用户也不感兴趣。用户感兴趣的是：我能得到什么？所以 Uber 很少到处宣讲自己的技术，它只做好一件事，也只讲一句话：5 分钟（或者 3 分钟）叫来一辆车。复杂的技术都放在后台，出现在用户面前的，只是一个优雅、简洁的产品。

判断产品是否足够聚焦，有一个很简单的方法：试试看可不可以用一句话说清楚核心需求和核心功能。如果不能，那就继续"舍"，直到可以用一句话总结为止。

除非欣赏我、适应我，
否则免谈投资

在度过早期缓慢的增长期之后，Uber 终于开始走进加速崛起的历程。在 2011 年 2 月接受了美国基准资本管理公司的 1000 万美元投资后，Uber 于 2011 年 12 月的新一轮融资中，吸引了 3 700 万美元的风投资金。

当时，科技行业最知名的风险投资家之一、网景联合创始合伙人、霍洛维茨公司合伙人马克·安德森打算投资 Uber。卡兰尼克对安德森表示，希望以 3.75 亿美元的融资前估值向他出售 12% 的股份，而安德森向卡兰尼克发出了共进晚餐的邀请。

他在晚餐时坦言，3.75 亿美元的估值太高了。要知道，当时的 Uber 只有 9 000 名用户，年交易额只有 900 万美元，营收仅为 180 万美元，安德森认为，2.2 亿美元的估值已经足够高了。

面对这位斤斤计较于数据、"坐地压价"的投资人，卡兰尼克很是不快。他坚持 Uber 的未来绝对不止区区 2.2 亿美元的价值，但是安德森也不肯松口让步，结果双方相持不下，交易泡汤。

这个时候，无论是连续创业"失败"的卡兰尼克，还是未成气候的 Uber，似乎都没有多少讨价还价的资格。但卡兰尼克不仅还了价，而且面对科技行业最知名的风险投资家之一，还敢狮子大开口，并且拒不妥协，宁肯投资泡汤，也不肯"贱卖"自己的心血。

没错，Uber 是卡兰尼克的心血，尽管这时他才刚刚带领 Uber 走过两年的创业之路。但这两年也是 Uber 最艰难的两年，即使后来在扩张期，Uber 曾遭遇过"四面楚歌"的封杀困境，但至少有充足的资金和坚实的用户基础可供"折腾"；然而早期的 Uber，前途未明，用户不多，不仅开始遭遇旧事物的抵制，还得四处奔波筹集资金，从另一个角度来看，或许这是更严重的"四面楚歌"。

而最大的"动荡"来自外界的环境，以及内心。Uber 还未闯出名堂时，很多人会对 Uber 创始团队说这样的话："好几年前我就有过类似 Uber 的想法，但是，我曾经做过研究，每个人都告诉我这事不可能成，所以你现在去做这个事完全没有意义……"

很难说 Uber 的团队成员全都拥有坚不可摧的自信，包括卡兰尼克也是一样。但最终让他们把一件不可能做成的事情做成功的力量，是出于对工作和事业的热爱。

去翻看 Uber 团队的资料，会发现最初加入 Uber 的成员大多数都留在了这家公司，至今仍在为 Uber 的发展出力。这在人员流动性很大的互联网创业领域很少见。在这些创始成员的自述里，能够看到他们对 Uber 强烈的热情，以及对企业愿景的认同感，所以他们都愿意主动为 Uber 付出自己的才华和心血。比如 Uber 中国的柳甄，以前在美国当律师，用她的话来说就是"一有时间就想着什么时候去休假"，但自从加入 Uber 后，就再没有时间去想这个问题了，她说："我是带着一个创业者的热情和感情加入 Uber 的。"

这一切都和卡兰尼克经营企业的态度密切相关。日后有人问过卡兰尼克，是否会将 Uber 出售给像谷歌那样的大公司。这个问题并不刁钻，被大公司收购也算得上一种成功，硅谷的很多创业者都会做出类似选择，实际上卡兰尼克自己的第二次创业成果也是以数千万美元的价格卖了出去。

但这一次，他一脸震惊地说："这如同问一个有很好的妻子，并且婚姻很幸福的人，'你下一个妻子会是怎样的'。"言下之意，有谁会"卖掉"自己的妻子？

这个大多数时候被世人称为"浑蛋"的创业者，对自己一手打造的 Uber，居然表现出了一种爱人般的脉脉温情。

这种对待 Uber 的温情和热爱，在卡兰尼克此后的事业生涯里不断显露，同时也影响了整个企业文化和团队精神。他不仅自己用爱的态度经营企业，同时也鼓励所有员工将 Uber 当成真爱，并给他们足够的平等的尊重和施展才华的自由空间。比如，Uber 的每一个城市分部的成员，拥有非常大的自主权限，当地的大部分运营决策基本都交给他们独立解决。总部的环境也是如此，没有层级的限制，不管是谁，只要提出好的创意，只要这个创意有益于产品优化，就有被讨论、被完善，被善用、付诸实践的可能。

正是由于这种环境的支持，Uber 的很多员工都有一种身为"Uber 人"的荣誉和骄傲，就像卡兰尼克一样，他们也对现状永不满足，总是试图创造，而非守成；总是希望自己做得更好，成为 Uber 未来愿景的参与者，而非旁观者。鼓励创新的制度和环境，不遵循常理的价值观，一群勇于创新的人，这或许就是 Uber 一直保持活力的根源。

如此看来，卡兰尼克拒绝安德森的投资一事，就变得很好理解了。小瞧 Uber、不懂得欣赏 Uber 的投资人，他不需要。这几乎是 Uber 的一贯态度，无论是面对客户、合作伙伴、用户、投资者，还是反对者，Uber 都保持着这种"宁缺毋滥"的态度：要么你欣赏我、适应我，要么就此别过。

最终投资了 Uber 的是时为投资机构 Menlo Ventures 合伙人的谢尔文·皮舍沃，他先是自己注资了 2000 万美元，随后利用他的社会关系，从一众好莱坞名流那里为 Uber 引入了几百万美元投资，亚马逊 CEO 杰夫·贝索斯也在此时入股了 Uber。此轮融资过后，Uber 估值达到了 3.3 亿美元。

霍洛维茨公司和安德森显然错过了一次低价入股 Uber 的良机。因为自这一轮融资过后，Uber 开始步入飞速发展的道路。2012 年，借助于资本，Uber 开始大举扩张市场，不仅在美国境内的各个城市蔓延，而且将触角伸向了周边国家，甚至遥远的欧洲、大洋洲。到了 2013 年 8 月的 C 轮融资，Uber 接受了包括 Google 风投部在内的投资总计 2.58 亿美元，估值达到 34 亿美元。

拒绝一笔诱人的投资，以及这笔投资背后令人垂涎的人脉和资源，这个选择在当时看来颇为莽撞，但事实证明，卡兰尼克的选择是对的。

这并非运气所致。试想，假设卡兰尼克当时妥协了，Uber 的发展势头还会如此迅猛吗？很难讲。妥协一次，就会有第二次，如果一个创始人对自己的企业和产品不抱信心，只想不温不火地保持现状，可想而知会给他的员工和投资人的评价带来什么样的影响。

当初坎普找到卡兰尼克合作，是慧眼识英才，看中了他身上惊人的冒险特质，却不曾料到卡兰尼克的才能和能量远不止于此。他不仅冒险欲旺盛，而且雄心勃勃，敢想敢做敢说，创意十足，无拘无束，再加上数年失败创业经验的洗礼，让他得以精通所有企业经营和产品运营的细节。他不仅是一个合格的 CEO，更是企业精神和文化的最佳代言人。

今天我们一提到 Uber，必然同时提到卡兰尼克，因为他们太像了。Uber 产品和它的创始人、创始团队，是合二为一的，热爱带来了极致的产品，极致的产品又吸引了更多热爱，于是，"同道者"走到了一起，因为共同的理念而凝聚起来，最后和秉持着相同理念的忠实用户合二为一。这也是 Uber 之所以成为 Uber，之所以特色鲜明，绝不会跟其他产品混淆的原因所在。

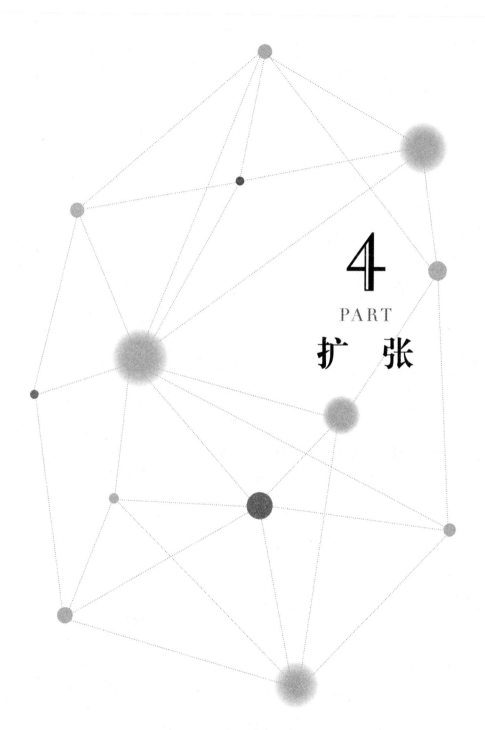

4

PART

扩　张

作为指数型公司，
跑过临界点必有复合增长

入选《财富》杂志"全球50大杰出领袖"、全球商业太空探索领军人、X大奖创始人彼得·戴曼迪斯在《创业无畏：指数级成长路线图》中，提及包括Uber、Airbnb、Instagram在内的数家"指数型公司"，他指出，这些公司的共同点在于：都是在短时间内做大的公司，其增长指数呈现"复合倍增"趋势。

"指数型公司"是互联网时代特有的"风景"。奇点大学全球形象大使、雅虎创新部前主管萨利姆·伊斯梅尔在《指数型组织》（六个特点）中为其下定义：即拥有与自己的员工人数完全不成比例的、极其巨大的影响力（或产出）的公司。

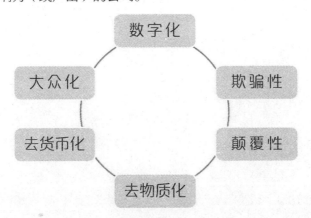

20世纪的大公司都是拥有庞大员工群、众多设备和设施，生产流程相当复杂的企业，它们的发展进程通常呈"线性增长"。然而进入21世纪，这样的大公司相继破产或衰败，取而代之的是那些"员工人数不多，没有工厂或生产设备，完全基于互联网技术而生"，但其资产往往能够以"倍乘效应"实现"指数级递增"的互联网企业。

举一个例子，福特汽车属于20世纪发展成长起来的大企业，它的市值达到500多亿美元，和Uber差不多，但是Uber实现这个数值，仅花费了不到六年的时间，而福特汽车却是经历了近百年的发展才有如此规模。

比较起来，似乎很不公平。但从中恰恰可以看出时代的巨变。过去，规模庞大、资金雄厚、人数众多，就可以在市场上占据竞争优势，而现在，很可能一个仅仅13人的团队，花十几个月时间，就能做出一款价值10亿美元的产品，Instagram就是这样一个典型的"指数型"成长的例子。

之所以出现这样的现象，根本原因在于互联网技术的进步和全面普及。试想一下，以前的企业即使增长速度再快，也有极限，因为只要生产过程仍然依赖物理手段，就一定面临成本高、效率低的难题。好比使用胶卷和使用数码相机的区别，一卷胶卷只能拍几十张照片，而数码相机的存储器随便就可以储存上万张，无论从成本还是从效率上来看，后者都远超前者。互联网带来的数字化、虚拟化、非物质化特征，极大地降低了产品的使用成本，提高了使用效率，传统产品很难想象一天增加数万甚至数十万用户是什么体验，但对于互联网产品而言，一夜成名，一夜暴富皆有可能。

"指数时代"已经到来，过去，你可以花数年时间准备资金和设备，实现规模化经营，在市场上占据一席之地，如今，动作稍慢就容易被"抛下"。Uber取得成功，一个很大的优势就在于，它是先行者，凭借优秀的产品和正确有效的运营策略，率先实现了扩张和圈占，并在此基础上形成了"用户数量"和"使用效率"之间的良性循环。这个道理很好理解，就整体而言，市场的容量是有限的，当 Uber 占领了大片市场，留给其他竞争对手施展手脚的空间就变得极为有限了。但正因为 Uber 是先行者，所以比 Uber 晚一步的产品，全都能够轻松地模仿它。如卡兰尼克所说，竞争者的产品已经越来越像 Uber，而 Uber 要做的就是更快地往前跑，领先于所有对手不断创新。

进入 2012 年，当 Uber 开始在全球市场小试身手时，它的竞争对手才刚刚萌芽生长：日后成为 Uber 最大本土竞争对手的打车软件 Lyft 在美国旧金山市刚刚成立；日后成为 Uber 在中国市场的最大竞争者的"滴滴快的"前身滴滴打车应用也才刚在中关村上线。

尽管从占领市场的角度来看，Uber 和它的竞争者之间打了一个漂亮的时间差：当 Uber 已经在美国数十个城市构建起庞大的车队和用户基础时，Lyft 还处在一无所有的境地，除了和 Uber 争抢之外，别无他法。但"指数时代"的可怕之处就在于此：哪怕你是一家百年企业，根基深厚，也架不住新技术、新产品朝夕之间就可以摧枯拉朽的势头。换句话说，Uber 如果不更加拼命地奔跑以保持住领先的优势，那么随时都有可能被后起之秀取代。

光脚的不怕穿鞋的，一无所有的 Lyft 完全可以在美国打车市场放手一搏。而对 Uber 而言，留在原地和竞争对手争抢有限的地盘，显然是不划算的。所以，Uber 做出了加快扩张步伐的决定。

2012 年 7 月，Uber 正式进驻伦敦。当时，Uber 在伦敦仅有 90 名司机，以及宝马、捷豹两种车型供用户选择，创造了 Uber 最小服务规模的纪录。然而 Uber 很快就在伦敦打开了市场。因为无论是在伦敦，还是在巴黎，几乎任何一座大城市，公共交通的问题都相差无几：城市大，人口多，出租车数量受到严格控制，供不应求，乘客不仅经常打不到车，还需要忍受垄断行业糟糕的服务……只要一座城市存在这些问题，Uber

就相当于找到了生存的土壤。

这一年，Uber 还将扩张的步伐延伸到了澳大利亚的第二大城市悉尼。悉尼的乘客一直以来都对本地高昂的出租车费用多有抱怨，而且如果要预约出租车还必须多交 10% 的费用，同时还需要排队等待。这一糟糕的体验随着 Uber 的进驻而成为历史。使用 Uber 叫车，不仅不需要排队等待、不需要附加费用，车费也很便宜。结果，在没有做任何推广的情况下，Uber 一进入悉尼就大受欢迎。

在进军海外市场的同时，Uber 也没有放慢在本国拓展的速度：2012 年，Uber 的名单里又多了洛杉矶、费城、圣迭戈、亚特兰大、丹佛、达拉斯、菲尼克斯、双城等多个城市。

到了 2013 年，由于迎来了新一轮的 2.58 亿美元的融资，Uber 越发加快了扩张进程。这一年，Uber 开始瞄准东欧和亚洲市场，同时涉足非洲、中美洲、南美洲市场。Uber 打车服务进驻的城市包括巴尔的摩、萨克拉门托、墨尔本、新加坡、米兰、底特律、奥克兰、印第安纳波利斯、檀香山、普罗维登斯、夏洛特、台北、首尔、墨西哥城、迪拜、约翰内斯堡、俄克拉荷马城、新泽西、落基山、纳什维尔、哥伦布、班加罗尔、波哥大、蒙特利尔、阿布拉比、新德里、开普敦……

为什么 Uber 要如此拼命地扩张呢？这其实是一个类似"占山头"的举动。就打车市场而言，重点是快速抢占、快速布局，Uber 急于在世界各地构建自己在打车市场上的"绝对地位"，就是为了先人一步，抢占"山头"。

互联网"指数时代"的生存法则是：跑得快才能活下来。和 Uber 数百亿的市值比起来，它的竞争者们几乎没有能够与之比肩的实力，看起来实在不足为虑，但是，根据彼得·戴曼迪斯的说法，指数型企业的特点之一就是"欺骗性（deception）"。指数曲线往往由不起眼的小数目作为起点，0.1 的两倍不过只有 0.2，0.2 的两倍是 0.4，0.4 的两倍是 0.8，起初看起来微不足道，然而一旦倍数超过某个关口，就会以惊人的速度增长。

　　Uber 在发展早期，无论是用户数量，还是营收额度，一样也是微不足道，前两年的增长速度简直如乌龟慢爬，但下一个两年，Uber 的用户数和营收额一口气增长了数百倍。谁也不能保证，Uber 那些目前仍然微不足道的竞争对手中，不会一夜之间出现第二个 Uber。为了避免被追上，Uber 只能不停地奔跑。

　　但这对 Uber 来说，也算是好事一桩。有压力，才会有进步。Uber 的确也在不断的扩张进程中收获了不少宝贵经验，别的且不论，至少在进驻不同城市如何适应当地环境的经验上，其他的打车软件无法与 Uber 相比。比如，纽约是 Uber 非常重要的一块市场，因为它在这座城市发展壮大的时期，除了传统势力之外，几乎没有竞争对手，因而牢牢占据了这块市场的最大份额。Lyft 曾经试图进入纽约市场，结果由于不符合规定，被赶了出来，直到 2014 年才获准进入；另一款打车软件 Hailo 也因水土不服，退出了市场。

　　Uber 的竞争对手们遍及全球，几乎每到一座城市，Uber 都会遭遇与当地打车软件的竞争，但放眼世界，几乎没有一款打车软件能够做到像 Uber 这样，扩张的足迹遍及全球。究其原因，是因为 Uber 拥有一套完整的扩张策略：标准化 + 本地化。

　　接下来就来看看，Uber 的标准化 + 本地化策略究竟有什么样的魔力，让它从一座城市扩展至数百座城市，并且迅速成长为一个全球化的 Uber 帝国。

标准化高于一切

当 Uber 决定向全球化的目标迈进时，"技术至上"的优势就凸显出来了。

首先，选择哪座城市进行扩张？这是一个问题。

拍脑门下决定可不行，凭感觉也不行，这不是 Uber 团队的作风。那么，你可能以为 Uber 会将"这座城市的出租车运营现状有多糟糕"作为考量的标准，或许是这样，但 Uber 的做法还要更"理性"一些：Uber 的美国总部专门设有一个研究各国交通、市场、政策的团队。在 Uber 选择进驻某个城市之前，这个团队会事先对这个城市进行用户调研，包括城市的国际化程度、用户消费能力、对新产品的兴趣程度，等等，以减少市场的不确定性。

同时，Uber 还会依赖大数据来做出选择。比如，在进驻一个新的城市之前，事先调查统计这个城市的后台数据，Uber 的大数据能够显示有多少用户曾在这个城市打开过 Uber。当这个数值积累到一定程度，Uber 总部就会决定正式进军这座城市。

Uber 的扩张之道，全部都是以"城市"为单位，而不是以国家或区域为单位，这样做的好处很明显：以单个城市作为分部，这会让 Uber 具备更大的灵活性和适应性。每进驻一座城市，就相当于开始一次新的创业历程。在这个过程中，Uber 很好地做到了标准化与定制化的平衡与融合。

　　能够做到这一点，即使纵观全球企业也并不多见。通常，一个高度标准化的企业很难实现定制化，而一个高度定制化的企业也很难融入标准化，这就是为什么除了 Uber 之外的打车软件，很难在全球市场这个大范围内立足，而只能在少数国家或区域发展。想象一下，要在 60 多个不同的国家，近 400 座各具特色的城市同时生存，如何在保持自身产品优势的前提下，真正扎根于当地市场？这听起来简直是一个不可能完成的任务。

　　全球化的互联网产品不少，Facebook、Twitter、WhatsApp、Instagram、Box，等等，都是动辄数亿用户，遍及全球，但是，它们进军全球市场要做的事比 Uber 简单多了。无非是换一种语言写代码，换一个当地的电子支付合作商，或者换一个当地的网络服务商签协议，最多尊重一下当地用户的习惯，对产品做一些功能上的调整和运营方面的创新。而 Uber 进驻一座城市，必须先找人，先有车，先和当地的监管部门或者租车公司打交道，先摸清楚当地交通状况，传统行业的利益“博弈”现状，等等。也就是说，它必须先融入这座城市的血液，变成它的一分子。

　　面对全球范围内数百个迥异的城市，Uber 要实现快速扩张，就必须实现标准化。

　　标准化，首先是指产品的标准化。先拿出一套产品的标准方案，剔除所有的“具体情况具体分析”的例外，确保这套标准方案随时可以进驻任何地方，随时都可以使用。

　　今天，如果你在全球各地打开 Uber，会发现每个城市的版本都会有细微的差别，比如，有的城市可能是使用一些具有当地文化意义的小图标来指代车辆位置，有的城市经常推出一些当地特色的叫车服务，有的城市会拥有多种业务形式。但在进驻一座新的城市时，Uber 都是直接打包一套标准产品“空降”，配置都是相同的：谷歌地图、Uber 后台算法、派单方式、信用卡绑定、注册流程、外观设计、基本的运营规则、对乘客和司机的服务方式等，全部都是统一的。

这样的标准化"空降"方式，有时也会带来一些问题。比如 Uber进驻中国，不顾中国人的使用习惯，直接移植了西方"名字在前，姓氏在后"的习惯，结果中国用户注册完，发现名字都是倒过来念的。很多人据此评价 Uber 缺乏诚意，在进入这么大的市场之前，难道不会在产品体验上先做一些"中国化"的努力吗？

这不算冤枉，Uber 一直都很少在产品体验细节的差异化方面下功夫，在这方面，它的态度几乎是傲慢的。但 Uber 并非存心傲慢，它只是认为这些细节没那么重要。假设你是用户，当你能够享受到高效便捷，以及丰富多彩的打车服务项目时，你还会在乎自己的注册名是不是念对了吗？

"技术至上"的 Uber 大多数时候都是用理性思考的：精力有限，时间有限，必须抓大放小。先解决核心需求，不核心的问题可以先放一放；先解决最迫切的问题，可以拖一拖的问题，留到日后去解决。

Uber 的产品标准化方案，实际上是基于这样的现实：在扩张进程中，在打车市场竞争愈发激烈的环境下，不可能事先准备妥当再"出击"，只能一边试探一边前行，小步快走，快速迭代。追求完美是大忌。

如同 Uber 在旧金山市寻找第一批用户的过程，市场和用户的冷启动，在每座城市都得从头来一遍。在进入一座城市开始运营之前，没有人知道触发用户增长、由冷变热的那个关键点在哪里，因为很可能每座城市的关键点都不一样。所以，Uber 没办法事先制定个性化的运营和推广方案，只能由当地的团队成员自己去摸索。在这个时候，拥有一套标准化的人员配置方案，以及早期启动方案，就显得非常重要。它可以帮助本地团队减少大量的无用功，直接进入"本地化"的进程。

Uber 的标准化人员配置方案是：三人小分队。每一座城市，最初都会配备一个三人团队，总经理负责团队以及和总部的联结，市场经理提供和用户的联结，运营经理提供和司机方的联结，这是典型的领导者、联结者和实操者的铁三角组合。

早期启动方案则是来源于 Uber 早期发展过程中积累的经验。比如，产品冷启动，应该从布局、司机、乘客三方入手，包括采用一些有效的方式、寻找人群聚集区、培养用户使用习惯、招募司机的常用办法等等。

这些方式不一定有效，比如在北京，一开始团队也按照这些标准化流程寻找突破点，但收效甚微，最后打开市场的招数是：当时的 Uber 北京总经理 Ben Chiang 利用自己的人脉，给各个大学商学院发邮件，推荐 Uber 的服务，结果带来了相当高的转化率和很好的传播效果。可见因地制宜还是很重要的。但是，标准化的流程至少在最早期足够提供基本的指导和方向。

Uber 还有一种标准化，是技术手段的标准化。带领着 1200 名技术人员的 Uber 首席技术官 Thuan Pham 在谈到这个问题时说："比方说你看一棵树，树根是给所有的树枝提供营养。技术实际上跟树根一样，是基础的东西。我们的服务、储存平台，甚至于计算方法、调配方法、支付计算方法，这些都是核心服务，我觉得这属于树根的部分。当然，一旦分到不同的城市中，我们的服务也要个性化、具体化，符合当地的市场需求。"

首先，Uber 拥有统一的数据中心，进驻任何城市的 Uber 产品，都是建立在这个统一的数据中心基础上；同时，Uber 拥有自主独立的算法。

这个算法适用于 Uber 在全球任何城市开展业务，不存在特殊性；再有，Uber 依靠大数据和时间算法实现的就近派单机制，同样也可以复制到任何城市，然后根据不同城市的具体交通状况，以及数据的更新，自动进化就可以了。

强大的"技术"支持所带来的优势在这里显露无遗：技术是可以无限复制的，而大数据和算法也能够不断进化。

要知道，当 Uber 振臂高呼进军全球时，并不仅仅因为它有雄厚的资本在背后支持，更是因为独有的技术让它有这个底气和信心。

本地化实验：
Uber 不是到哪里都扮演颠覆者

回想一下 Uber 在诞生地旧金山市的遭遇，上线四个月，接到禁令，Uber 发起抗议活动，随后禁令不了了之，Uber 得以继续运营——在很多城市，Uber 都是处于这样一种灰色境地，既不符合现有的法律法规，但政府也没有花大力气严格取缔。小打小闹可能会有一些，但 Uber 仍然在多数城市得以存活。

尽管 Uber 一直摆出战斗的姿态，但这其实是出于策略的需要：在反对敌人的时候，矫枉过正，下药过猛，才能收到效果，折中主义的攻击和反抗，只能换来不痛不痒的效果。实际上，Uber 和政府监管、法律法规、传统行业既得利益之间的对抗，更像是一场互相试探、有来有往的"博弈"，而非你死我活的战斗。

监管部门之所以出台禁令，反对 Uber，是因为 Uber 是新生事物，旧有的法律法规还没有相应的条例来应对，也是因为 Uber 以及它的模式太过陌生，还无法以一种恰当的方式纳入监管范围。说得更明白一些，这场博弈的目的是让双方"皆大欢喜"：Uber 得到合法的生存空间和权利，监管部门得到合法的监管权利，以及确保在新的商业模式和市场游戏规则下，利益分配均匀。

正因为如此，Uber 每到一个城市，都会先花时间去了解当地情况。尤其在美国，每个州都有独立的立法权，每个州的法律都不一样，不可能采用相同的手段。这就是 Uber "本地化策略"的最初来由。

卡兰尼克曾这样解释"本地化"："Uber 的价值观之一就是我们是进入城市，其中的含义就是，我们去尊重每个城市的不同，同时融入每个城市。所以我们在每个城市会根据城市的特点采取不同的方式。比如在洛杉矶，这个城市是没有直升机停机坪的，所以我们就不能一键呼叫直升机了。每个城市的汽车的新旧、品牌、车型不同，乘客的乘坐爱好也不同。另外，每个城市的法律法规、支付方式的要求均有不同。"

具体来讲，Uber 的本地化策略就是采用"去中心化"的以城市为单位的管理方式，由总部设置一套可复制的"标准化流程"（包括基础设施、工具、边界条件、人员结构、前期运营等），投放到每一座城市，然后再由各个城市的负责人针对城市差异，制订具体的市场开拓计划。

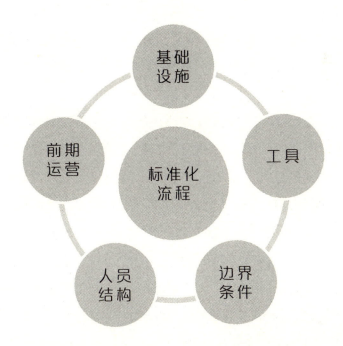

在这个"融入本地"的过程中，Uber 并不完全像人们所熟知的那样，时刻摆出一副"颠覆者"的姿态，时刻准备将敢于阻挠它的人打得满地找牙。事实上，Uber 的表现可以说千人千面。

比如，在纽约，Uber 的遭遇就很奇妙。Uber 于 2011 年 5 月进入纽约，2012 年 9 月正式开始提供服务，最初只有 105 辆车。服务一上线，立刻就收到了来自监管机构纽约市计程车暨礼车管理局（Taxi and Limousine Commission，TLC）的行业通知。有别于它在其他城市一味遭禁的处境，纽约的 TLC 给出的行业通知并不是严格的禁令，而是说，Uber 的程序与支付系统和纽约市的规定以及当前的合约有冲突，不过等到 2 月合约到期，可能会有改变。彭博市长办公室甚至向 Uber 表示看到这样的技术"非常兴奋"，会尽快让这种实践变为合法。

政府直接表示支持，这在 Uber 的发展史上可以算是少数事件。当时在任的彭博市长试图改善纽约糟糕的公共交通状况，很想有所作为。一个常住人口超过 800 万的城市，仅拥有 1.3 万辆出租车，无论如何都说不过去。于是，他推动了一项"明日出租车"计划（Taxi of Tomorrow），计划跟尼桑北美公司签订 10 年合约，要求出租车公司淘汰黄色出租车（纽约黄色出租车是出了名的"愤怒司机"，经常在路上横冲直撞，遭到投诉），换上尼桑独家设计的、更安全环保的车型。由于不同意这项计划，出租车公司告上法庭，官司一打就是好几年。

同时推进的还有 Boro Taxi 计划：为了解决纽约供不应求的公共交通现状，彭博打算在三年内发放 18 000 个新牌照，将当时的电召车改成绿色出租车，为曼哈顿北部和其他四区增加出租车数量，允许它们在这些地方享有可以被拦路叫车的权利。但是，由于黄色出租车公司担心绿色出租车抢走他们的生意，担心新增牌照会降低原有牌照的价格，于是又闹上法庭，阻碍了新牌照的发放进程。

可想而知，被保守的黄色出租车行业弄得焦头烂额的市长，自然很愿意和 Uber 站在同一条战线上。事实上，Uber 的进驻就是来源于另一项由彭博市长和 TLC 联合开展的 E-Hail 项目。Uber 是在 E-Hail 项目第一年试行中首个批准使用的手机 APP。这个项目允许乘客通过手机 APP 召唤黄色出租车，这实际上是肯定了 Uber 在纽约市场的合法性。但是，在已经占据大部分市场的传统势力的反对下，这个项目后来也被迫停止。

基于这样的环境，Uber 采取的应对策略和它在其他城市的策略大相径庭：它一扫对抗者的姿态，小心翼翼地认真遵守着纽约 TLC 的规定，接受监管。比如，TLC 对载客车辆驾驶人员所需的考核和相关标准都做了详细规定，只有取得该局认证的司机才可以开车载客。Uber 于是也要求它的司机严格遵守这些规定，帮助司机申请 TLC 的认证，车型也严格要求必须是 TLC 规定的系列。

一直顶着"抗争者""搅局者"的名号招摇过市的 Uber，这时候在纽约市俨然像一个遵纪守法的"乖宝宝"。

同样让 Uber"服软"的市场还有日本东京。卡兰尼克造访日本东京后发现，由于当地"监管规定相当复杂"，按照一贯的"硬来"的做法恐怕行不通。再加上当地的出租车数量相当充足，虽然价格稍微贵了点，但是服务质量普遍良好，当地人对这个行业并没有不满，所以，Uber 选择直接与东京的出租车公司达成合作，让用户使用 Uber 来预约出租车。乘车费用归出租车公司所有，Uber 则从中收取一定的佣金。Uber 还在东京推出了 Uber TAXI LUX 应用，帮助人们寻找及预约高档出租车，每一单收取 500 日元（约合 5 美元）服务费。

一直视传统出租车行业为敌人的 Uber，居然能够与之和平共处、共同分羹，不得不说是一桩奇事。Uber 日本区总裁高桥正巳表示："利好我们的合作伙伴也利好我们，这是一种双赢。"这正是 Uber"本地化"策略的意义所在：不教条，不刻板，不偏执，什么样的运营方式更容易让 Uber 在当地扎根，那就采用什么样的运营方式。

如 Uber 中国区战略负责人柳甄所言："Uber 就像一个足球队去参加比赛，政府就像裁判，负责定好规矩，不管是国企、民企、外资、内资都有相应的规矩。而裁判有时严格有时不严，因为有的时候是客场，有的时候是主场。但只要是竞技性选手，都必须坦然面对，在不严格的时候，就可以踢得大胆一点。"

Uber 之所以给人一种"凶猛""野蛮""粗暴"的印象，是因为它在全球大多数城市大受欢迎的同时，也遭遇了猛烈的反对和抵制。针对这种反对而采取的反抗姿态，只能说是 Uber "本地化"进程的策略之一。

即使是在那些反对 Uber 最为"激进"的城市，比如法国的巴黎，印度的新德里、孟买，以及荷兰、德国，还有西班牙的一些城市，Uber 也并非一味地"粗暴"抗议，有时它也会摆出温驯的姿态，表达愿意与监管部门合作的意愿。无论是温驯也好，抗争也罢，都是为了 Uber 的生存发展而采取的方法。

总的来说，由于 Uber 采取了"放权"的方式，将每个城市的决策权交给了当地的团队，所以 Uber 在各个城市采取的"本地化"策略相当灵活。尤其是 Uber 在各地反复面临反对、禁令、指责，甚至控告时，灵活的应对策略就变得格外重要。

并不一定要用战争的方式才能打赢战争。Uber 融入各个城市的原则是：只要能够达到自己占领市场和用户的目的，只要不违背"让出行更高效更经济"的产品愿景，任何事情都可以去尝试，即使是面对反对者，也可以拿出合作的态度。在监管严格的环境下，硬闯可能会得不偿失，那就谨慎一点；而在监管不那么严格、传统利益分配没那么铁板一块的环境下，那就不妨大胆一些，先闯出一番局面再说。

每一座城
都是个"三人"自治区

作为一家估值数百亿美元的互联网企业，Uber 在每一个进驻城市的员工数量都少得可怜，目前，Uber 在全球已经进驻了近 400 座城市，员工总数才 4 000 人，平均下来，每个城市也就 10 人，再减去总部的员工，平均到每个城市的员工数就更少了，以三人小分队为核心的 Uber 城市分部，比一般小型的创业企业还要小型。

很多人会有疑惑，每天面对海量的司机、乘客、日单量，既要联络市场、找资源、营销推广，又要管运营、维护用户、把握需求、优化服务，仅凭区区几个人如何处理好这些繁杂的工作事务？而面对分散在全球数百个城市的小团队，Uber 总部又是如何进行管理的？

答案有三点：第一，Uber 的管理和运营一样，都不需要多少人力，如同它的产品理念一样，追求高效和便捷。

打个比方，如果用户想要联系 Uber 的客服，只能通过 APP 和官方公布的电子邮箱，邮件客服被设置成直接连接到系统查询有疑问的行程，从而给出查询结果和解决方案，这样的方式既有效，又省去了人力。

再如，Uber 对每个城市的三人小分队有着明确的权责分工，这就保证了在极小的团队里，每个人都能够专注于自己要做的事，避免因事务繁杂琐碎、权责不明而引发的时间成本和人力成本的损耗。

三人小分队包括市场经理，运营经理和总经理：

市场经理负责关注新用户的增长量、城市订单量、服务品质、客服满意度以及与媒体对接，比如做一次活动媒体的发稿率是多少、质量如何，品牌认同度如何。

运营经理负责供应端，假设刚开始在一个城市开展业务，需要15 ~ 20分钟才能接载到人，那么运营经理的工作就是尽快想办法把这个数字变成10分钟、5分钟，甚至更短。同时还需要确保司机的服务质量，减少因为接载力不足、服务不到位而导致的行程取消。

总经理就是总体的把控，除了对市场经理和运营经理的工作进行协调，承担压力和责任之外，还要关心成本问题以及商业方式的可持续性，确保品牌形象维持全球标准。

职责明确，界限清晰，这是确保少于10人的团队高效管理好一座城市的基础。

第二，Uber采取的是透明化、扁平化的管理。创始人兼CEO卡兰尼克就是这一管理风格的实践者。有一次，卡兰尼克和Uber中国地区的几个城市负责人一起开会，他和这几个人对一件事情的看法不一致，但他立刻反省说："我从来没去过中国，你们的确比我更熟悉国情，那么我就听你们的。"

身为Uber的最高管理者尚且如此，其他人就更不必说。让懂行的人去做事，best idea wins，这就是Uber的管理之道。

在每个小团队之间也是如此，虽然设置了总经理的职位，但总经理并不具备绝对的权威，三人小分队各自都有在各自权责范围之内的决策权。由于 Uber 这个产品同时服务司机与乘客，需要考虑司机增长量是否匹配用户的增长量，所以三个经理之间的沟通必须非常密切，根本不存在谁管谁的问题。

在 Uber，只要是正式员工，都可以看到全球的所有数据以及运营的情况，在内部系统里面可以实时看到全球的排名数据，包括接单率和好评率，还有客服回复的速度、质量以及业务增长率。所有的数据保持实时更新，但是 Uber 内部有一个传统，即在每周日 24 点的时候，大家都会自觉检视过去一周的成果和排名，目的是自我激励。为什么和我同期开展业务的城市会比我做得更好？有疑问立刻打电话或者开网络会议进行交流，相互探讨，相互取经。

这种透明化和扁平化的管理方式，不仅能够减省管理层的人力，还能够有效激发每个员工的创意和工作热情。

Uber 的工作强度很高，很多城市经理都夜以继日地工作，但这并不是因为人力少，而是因为它是一家创业公司，每个进驻城市的团队都相当于处在一个创业初期阶段，所以很多加入 Uber 的人是抱着创业的心态去做事的。应该说，让每一位加入 Uber 的员工都能够自发地、自愿地抱着创业心态，牺牲休息时间去做事、去创新，这正是 Uber 式管理的厉害之处。

第三，Uber 保证每一个团队高度的自治和自主。凯文·凯利曾经提出互联网"去中心化"发展趋势，在他的《失控》一书中，他用"蜂群"来比喻这一状态：给予每个蜂群一定的自主权，让他们分工合作，最后散乱的蜂群可以选举出蜂后，并表现得像一个整体。"去中心化"思想提出了分布式管理原则，即有一个蜂后的指引，但在各个小蜂群范围内，他们又有一定的自主权。这个状态很像 Uber 在全球的管理组织分布。

这样做有什么好处呢？首先，不用找人盯着这些团队，节省了人力；其次，保证了小团队的灵活性和创意空间，让每个人都能够在这种自由的体系中发挥自己的才能。

正如 Uber 的 CTO Thuan Pham 说的那样："我们的挑战并不是多国的问题，因为聪明的人就是聪明的人，有聪明的人是非常有动力的，这些人都是非常相近的。我们面临的最大问题是怎么样把在不同时区的人协调起来，充分给予他们独立自主去开创的权利。我们需要保证每一个团队都有很高的自治能力，换句话说，所有的团队都是平等的，他们都有自己的责任。不管是中国的技术团队，还是哪里的团队，都有和在旧金山总部一样重要、一样高效、一样平等的地位，这就是本地化有自治、自由的精神。因为非常聪明的人都有共同点，就是想创造一个东西，赋予他这种自由使他可以在这个领域中做得非常好、非常出色，这是一个共识。"

Uber 将自治的管理精神贯彻得非常彻底：除了设置季度和年度的大目标，Uber 总部完全不对各个城市进行日常工作情况考评，也不对各个城市的决策进行监管或审核。总而言之，对每个城市的团队给予最大程度的自由和尊重，让那些最了解当地状况，距离"前线"最近的人去做事。套用 Uber 深圳区总经理罗岗的说法就是："让听得见炮声的人做决策。"

所以，这些分散在各地的团队做起事来非常大胆，今天开了一个"脑洞"，和其他两个成员一商量，第二天就可以付诸实施。不必做任何长期计划，只需要时刻保持市场敏锐度，想到什么，看到什么，就做什么。

"最大的感觉就是 Uber 给了我自由和空间，因为 Uber 已经是我的生活了，我的生活就是 Uber 了。Uber 非常跨界，跟各个行业都交叉，与时尚、运动、音乐都有联系。Uber 让我的生活非常丰富，而且我可以去决策添加什么色彩在 Uber 上面。我参加自己喜欢的活动，认识自己喜欢的人，然后就从那里开始工作，这样也可以保持我最大的热情。"

这是 Uber 深圳市场经理 Evanee 的心声。

足够的自治权利的"下放",使得 Uber 的小分队得以频繁地、大量地进行"本地化"实验,这些实验的失败成本极低,也不需要耗费太多的资源,但给 Uber 在产品创新方面带来的启发却是巨大的,同时也为 Uber 未来的发展累积了非常宝贵的经验。

Linkedin 创始人、硅谷风投家雷德·霍夫曼说过:一款好的产品及运营,一定能迎合人性七宗罪中的其中之一。其中很重要的一宗"罪"就是懒惰。满足用户"懒"的需求,是产品成功的保障。管理也是如此,要学会"偷懒"。

Uber 在招聘员工时,非常严格。首先简历必须过关,其次,要看他们的"Uberness"(即 Uber 范儿)够不够,对 Uber 的产品、企业文化有没有认同感,是否了解 Uber 模式。考查能力当然是必需的,HR 在审完简历通过后会给应聘者发一个测试作业,不同岗位会有不同的测试,例如应聘市场方面的工作就会考核活动的创意以及成本的测算方法。这个测试通过之后,应聘者还需要通过当地的城市总经理,以及其他经理的面试,这里都通过之后,还会要求其他城市的总经理再面试一遍,或者再做一次测试。

整个流程需要的时间因人而异,但最快也需要一个月。也就是说,Uber 在招聘员工时会设置严格的关卡,以确保招到的都是很值得信赖和依靠、能够扛得住压力的人才。一旦通过这场严苛的测试,工作时就能够得到足够的自由和空间发挥才干。

Uber 的这种做法相当聪明,在管理上也相当"偷懒",因为对聪明的人,只需要激励,不需要管理。

5

PART

遇 阻

作为利益体的"破坏性物种"，
弓箭都瞄准你

　　雄厚的资本支持，聪明的扩张策略，再加上团队的高效率和敢想敢做的行动力，使得 Uber 的全球扩张之路走得势不可当。然而，也正是在这扩张的途中，Uber 遭遇了巨大的反对力量，导致各地进军步伐频频受阻。

　　其中最严重的，当属以荷兰、德国为首的欧洲国家对 Uber 下达的禁止法令。

　　和在大多数城市遭遇的来自监管部门的一纸禁令，或者查封罚款的举措不同，在荷兰，Uber 收到的是法院下达的禁令，荷兰检方宣布 Uber 在本国的运营非法，并对 Uber 在阿姆斯特丹的办公室连续进行突击搜查，同时抓捕了数十名无执照运营的司机，甚至宣布将对 Uber 的非法运营行为启动刑事调查。

　　同样严厉的禁令也发生在德国，在法兰克福，Uber 被当地出租车运营商联盟 Taxi Deutschland 告上法庭，法院裁决禁止 Uber 使用没有出租车营运牌照的司机开展服务，并将对违反当地运输法的行为进行严厉处罚——每违规一次，将处以 25 万欧元（约合人民币 175 万元）的高额罚款。

　　很多时候，在面临政府部门对无运营牌照的 Uber 司机开出的罚单时，Uber 为了鼓励司机无视禁令继续开车上路，都会慷慨地为这些罚单埋单。但在德国，违规一次 25 万欧元的罚单，即使是财大气粗如 Uber，也难以负担。最终，在谈判未果之后，Uber 宣布退出包括法兰克福在内的德国三大城市。

　　Uber 于 2012、2013 年陆续进驻欧洲各大城市，起初都是以高端车服务 Uber black（在不同城市，名字或有不同）进入市场，这一服务是和当地正规租车公司签约，雇用的是专业司机，打车费用也较高，针对的是高端客户群体，这是 Uber 进入一个新的城市时一贯采用的策略：先找到具有影响力和传播力的 1% 的用户。等到市场被打开，Uber 就会推出中低端的打车服务，这种服务在欧洲大多数城市被称作 UberPop。

　　UberPop 的司机几乎都是私家车车主，平时另有职业，只在闲暇时间开车接单赚取外快，当然，其中也有很多专职开 Uber 的司机，但总的来说，由于并未与 Uber 签订雇佣协议，司机的时间都很自由，可以自由支配。也因此，更多的司机愿意加入 UberPop，对很多人来说，哪怕只是在下班途中顺便接个单，也是相当轻松的赚钱体验。

　　灵活的运营策略吸引了更多司机加入，相应的，叫车的速度也大大提升，再加上费用低廉、使用方便，UberPop 一经推出，很快就大受欢迎。人们不再站在街头打车，而是选择拿起手机，叫来一辆离自己最近的车，出租车的生意受到了很大影响。

　　通常，Uber 遭遇的指责都是围绕两个重点：一是 UberPop 没有运营牌照，二是 UberPop 既没有给司机和乘客买保险，也没有像出租车行业那样按规定缴税。

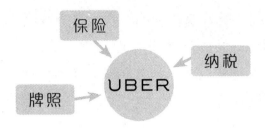

这其实是 Uber 和当地出租车行业之间的利益冲突：出租车公司要为牌照埋单，要雇用司机，接受监管，缴纳税金，而 Uber 什么也不用做，只是做了个平台，找了一群私家车司机，就能日进斗金，而且还要抢走出租车的生意，这未免太不公平。

在一些国家，比如德国，也有像 Carpooling 这样的拼车公司，但这类拼车公司必须接受诸多限制，比如一定要注册办公室才能运营，而且严格规定所有车辆在结束一次服务后，必须返回经营地点，才能启动下一次服务等。

不管是出租车公司也好，拼车公司也好，Uber 坚持认为自己不在这一监管范围之内，因为它只是一个互联网技术平台，自身并不拥有任何车辆，而且它只负责连接司机和乘客双方，和司机之间是"合作伙伴"的关系，而不是雇主和员工的关系，因此无须遵守相关规定。

在这场争论中，浮现出一个问题，这个问题也是 Uber 在全球各地遭遇封杀和禁令，但这些禁令的严厉程度和执行程度又各不相同的根本原因：对于 Uber 这一新生事物，大多数国家都无法依据现有的法律法规来应对。担任 Uber 欧洲公共政策长的马克·麦克甘恩说得更明白："一些国家的法规是几十年前写的，在我们把智能手机装进口袋之前。"

Uber 的遭禁实际上反映出的是互联网技术和传统规则、创新与监管之间的矛盾与冲突。互联网技术的创新步伐已经大大超过了政策法律的更新速度，因此，对于 Uber 这样的公司，无论反对还是支持，或是介于其间的模棱两可，各国政府的态度都是在一种"不知所措"的状态之下的仓皇应对。

那么，为什么这些应对又各不相同呢？在有的国家和城市，比如韩国的首尔、印度的新德里、荷兰的阿姆斯特丹、德国的法兰克福等，政府的态度非常强硬，采取的查封措施也很严厉；而在另一些地方，能够明显感觉到政策松动，留有余地，尤其在美国的一些城市，有不少政府官员公开对 Uber 表示支持。

这其中除了国情不同之外，最重要的原因在于各地利益体系不同。

韩国首尔于 2014 年夏天封杀 Uber，政府宣布将推出一款 Uber 的替代品，该替代应用所提供的车辆均为在官方注册的合法出租车。Uber 对此表示抗议，并无视禁令继续运营，但同时也积极寻求解决之道。比如，Uber 曾向韩国政府部门提出建立新的司机登记注册制度，但韩国方面予以断然拒绝。韩国交通运输部表示将与立法机构合作，誓言一定要禁止这家美国公司在韩国的服务。首尔市政府甚至鼓励对私人或租用汽车的司机通过 Uber 提供交通服务的行为进行举报，并向举报者提供高达 100 万韩元（约合 929 美元）的奖励。

从韩国的做法中可以看出，对 Uber 的禁止，一方面是为维护既得利益，另一方面也带有民族保护色彩，是为了使本国行业不受外来者冲击而采取的对策。

而在法国巴黎，"封杀"Uber 的过程则显得更加波澜起伏。UberPop 在巴黎推出后也遭到禁止，但过了一段时间，巴黎上诉法院又取消了禁令，并称宪法法院会就 Uber 服务的特殊性及合法性进行司法解释，在对有关新司机执照的新法律进行裁决之前，Uber 可以继续运营。此后法国最高行政法院做出了允许 Uber 等私人打车服务按里程收费的判决，但又规定 Uber 等私家车司机在把客人送到目的地后不得四处揽客。

这种反反复复的态度背后的原因是多个利益方之间的博弈和制衡：

出租车行业抗议、罢工，闹得不可开交，民众舆论却倾向 Uber，同时，政府也想寻找办法解决巴黎多年的"打车难"问题。种种利益诉求碰撞到一起，导致了 Uber 在巴黎的复杂处境：一方面得以蓬勃发展，另一方面，巴黎的几位高管却面临指控、入狱的危机。

　　Uber 自创立以来收到的禁令可谓五花八门，指责 Uber 没有出租车运营执照只是最常见的一个理由，有的地方是控诉 Uber 使用私家车赢利，违反个人车辆不能进行专车运营的规定。加州法官曾对 Uber 开出了 730 万美元的巨额罚单，理由是 Uber 未能遵守该州监管部门规定，向负责监管出租车的加州公共设施委员会提交订单数据及其他信息。而在中国台湾，"交通部"曾在两个月时间给 Uber 开出 164 张罚单，罚金合计 2125 万元新台币（约合人民币 421 万元），理由包括违法营业、破坏市场、登记信息不符等。按照台湾"交通部"的说法，Uber 进入台湾时，登记的是信息服务业，实际从事的却是交通运输业。

　　Uber 在面对出租车行业的控诉、抗议、指责，以及当地政府部门的禁令时，都会贯彻自己的态度：公开抗议，违反禁令逆势而上，用卡兰尼克的话来说就是"将油门踩到底"。

　　比如，在韩国被禁之后，Uber 曾公开嘲笑"首尔市政府还生活在过去，被全球共享经济运动抛在身后"；在荷兰，当法院判决禁止 Uber 的拼车共乘服务后，Uber 回应称将继续提供服务；在遭到政府部门和警方威胁的地区，Uber 还会直接向用户致信，希望他们能联系当地政治人物，支持 Uber 发展。就法国、德国、西班牙等欧盟国家禁止 Uber 一事，Uber 还向欧盟发起过投诉。

　　当然，这些应对措施并非总是行得通。当时，熟悉欧洲的 Uber 欧洲分部公共政策长马克·麦克甘恩曾提醒卡兰尼克，欧洲部分地区的情况不容乐观，卡兰尼克并未放在心上，出身于硅谷的他，对新事物的发展有一种明朗单纯的信心，他曾说："出租车行业正在试图维护由当地政府维持起来的垄断运输地位，他们希望减少竞争。因此我们希望低成本、高质量运输的可行性问题传播出去，我觉得有朝一日我们可以取得胜利。"他坚信能够给大多数人带来益处的创新，得到大众支持的产品，必然获得成功——从长远来看，这种想法没有问题，但短期内毫无疑问会受挫。

尽管随着全球封杀 Uber 举措的"升级"，卡兰尼克和 Uber 团队也逐渐意识到，在世界各地复制 Uber 在美国的"粗暴"做法，不足以应对层出不穷的复杂状况。但是，这并没有改变他们对 Uber 未来的坚定信心。

要想在来势汹汹的反对力量面前为新生者争得一席之地，必须有不怕死的信心。退缩、恐惧、怀疑，这都没有必要，因为 Uber 全球遭禁的处境本就不可避免，如 Uber 公共政策和公关主管大卫·普罗菲所说："如果你成为颠覆者，就会有很多人将弓箭瞄准你。"

安全之"痛"：
先搁置难题，等待时机

最近，在美国密歇根州卡拉马祖市发生了一起 Uber 司机大开杀戒的恶性事件。45 岁的 Uber 男性司机杰森·道尔顿在市内三处地点疯狂开火，造成 7 人死亡，在杀戮期间，他还不忘使用 Uber 接单载客。

事情发生后，关于 Uber 安全问题的质疑迅速成为热点话题。很多人表示震惊和恐惧，万一哪天叫来一辆 Uber，开车的是一个无差别暴力杀人犯，这太可怕了。

Uber 首席安全官就此事及时发表声明称：杰森·道尔顿通过了 Uber 司机的背景审查制度，因为他记录良好，此前既没有犯罪记录，也没有精神病史，这并不是 Uber 背景审查方面的疏忽，事实上，没有任何背景检查系统能够预料到现在这种状况。

杰森·道尔顿的杀戮很明显是在随机寻找目标，他在一间公寓里枪伤一位女性后，开车前往一家汽车经销商店，杀害了一名男性及其 18 岁的儿子。此后他又在 Cracker Barrel 停车场向五个人开了枪，其中四人死亡，另一人后来也因伤势过重死亡。在去停车场之前，他在 Uber 上接了一个单，开车将一群人送去酒店，神奇的是，在这期间，他什么都没做，安全地将乘客送到了目的地之后，才重新寻找目标。

更神奇的是，被捕之后的杰森称，他是被 Uber 控制住了意识，他说，这款手机应用"就像是能够进入人类身体的人工智能"，而他就像"傀儡"一样被控制，去开车并进行疯狂屠杀。而当警方抓捕他的时候，Uber 应用归还了他的意识，这让他能够向警方投降。

"躺枪"的 Uber 很无奈。这起恶性事件当然并非 Uber 的过错，只不过恰好一个精神失常的无差别杀人犯的身份之一是 Uber 司机罢了。但是，安全问题一直是打车软件之"痛"，这个"痛"的意思是，这是个敏感的问题，一触即痛。只要有任何涉及安全的问题或事件出现，指责和质疑的压力必然都落到 Uber 身上。欲加之罪，尚且何患无辞，更何况"安全"本来就是打车软件一直存在的问题。

开车上路必然有风险，这人人都知道，自己开车出了事当然自己承担，但乘坐 Uber 出了事怎么办？

乘坐传统出租车也可能遇到交通事故，或者遇到骚扰女性的不良司机，极端点讲，出租车司机也有可能像上面这个 Uber 司机一样，突然精神失常，成为暴力杀人犯。任何风险都不可能百分之百规避，但问题是，传统出租车公司由于受到监管，在雇用司机时必然也会有严格的审查制度，而且万一发生问题，"跑得了和尚跑不了庙"，出了事，公司肯定要担责。而 Uber 公司呢，是否担责？如何担责？

你不知道你进到了一个什么样的人的车里，司机也不知道自己到底搭载了一个什么样的人——这就是以 Uber 为首的打车软件所面临的安全难题中最根本的问题所在。当然，传统出租车也面临后一个问题，但至少司机有保险、有劳动合同的保障，而 Uber 司机没有。

假如乘坐 Uber 出了车祸，先不论赔偿和担责问题，首先你都不一定能够第一时间找到 Uber 的相关负责人。因为 Uber 直到近两年才开始为司机和乘客开通电话热线服务，而且这个热线电话只出现在测试版的软件里，仅有两个呼叫中心，仅在 22 个城市进行试点使用。这个热线主要是为了帮助乘客和司机处理半紧急情况，比如需要寻找遗忘在 Uber 专车上的药物，等等。

新生事物有它不可替代的优势，但也正因为新生，很多问题的权责界限都很模糊，也没有先例可供参考。Uber 在创立早期，或许是因为还没摸索出方案，或许是因为忙于拓展市场无暇顾及，或许是故意规避，总之，安全、担责这些问题都被搁置了。

用户从 Uber 团队和 Uber 最初的使用者那里得到的都是关于这个产品如何便利高效的好评，毕竟谁也不会一开始就想到坐车出事了怎么办；而加入 Uber 开始接单的私人车主们，也只是把 Uber 当作日常生活的延伸：只不过是在自己开车出门的时候，顺便接个单赚点钱，很少有人考虑过，万一在工作期间出事谁来担责。

在 Uber 司机持枪杀人事件中，Uber 的司机背景审查制度受到了质疑，幸好 Uber 顶住了这种质疑。但是，把时间拉回到两年前，2014 年，在美国爆发的声势浩大的"反 Uber 运动"，其起因就是 Uber 司机背景审查的漏洞引发的安全质疑，而且在当时这个漏洞的确存在。

2014 年元旦晚上 8 点左右，在旧金山坦德隆区一带，一位母亲带领她的一对儿女穿越人行横道时，被 Uber X 的签约司机赛义德·穆萨法开的本田 SUV 撞倒，女儿当场身亡，5 岁的儿子严重受伤。穆萨法被捕，并被指控交通肇事杀人。事故受害人家属随后对 Uber 提出指控，要求 Uber 公司对此次事件负责，理由是打车软件分散了穆萨法的注意力，造成了这起悲剧。

事后 Uber 提出证据，证明事发时穆萨法的车里没有乘客，当时他是在私人时间开车行驶在路上，并没有在为 Uber 工作。同时，Uber 也为自己开展业务的方式（司机需要使用手机接单，查看地图等）进行辩解，Uber 声称，每家经营车辆服务的公司都会采用某种仪表盘技术来开展业务，Uber 也不例外。卡兰尼克谈到这种方式是否会分散驾车者注意力时说："Uber 提供给签约司机的技术比传统出租车行业使用的任何技术都安全得多。"

尽管如此，舆论批评的矛头仍然对准了 Uber，因为肇事司机事后被查出曾在 10 年前的佛罗里达因鲁莽驾驶收到法院传票。

关于 Uber 背景审查制度存在漏洞的问题被媒体和反对 Uber 的人揪住不放，纽约市出租车及轿车服务委员会前任主席、对 Uber 持激烈批评态度的马修·道斯说："现在人们终于真正意识到这样一个事实，那就是并没有什么真正的安全保障。噢，对了，也没有人真的去做什么背景调查……我希望人们现在能关注到它的实际用意，它试图对出租车行业放开管制。"

旧金山出租司机联合会的主管特雷弗·约翰逊则说："如果你 21 岁的女儿独自住在这个城市，用打车应用软件招来辆出租车，结果一看，这车是 2001 年产的雪佛兰 Astro 面包车，而且已经跑了 30 万英里①。你还会放心吗？"

媒体则指责 Uber 不顾乘客安全，让那些有污点的司机上路。Uber 对此反驳说，Uber 的背景调查比传统出租车公司更彻底，而且它已在现有审核程序里加入了联邦和县级记录。当时，应《芝加哥论坛报》的要求，Uber 提供了当地部分司机的信息，结果有记者发现名单中的一人曾于 2010 年参与一起重大盗窃案。Uber 随后立刻解除了与这名司机的合作关系，并辩解说，对这样的人，政府从一开始就不应该让他考到驾驶证。

尽管 Uber 不断"狡辩"，但是，一些 Uber 司机私底下透露了真相：在这起事故之前，Uber 并不会对司机做过多的背景调查。

Uber 为了加快发展速度，很多时候会对类似的问题视而不见。早期，普通人要想加入 Uber 司机的队伍，流程特别简单，只需要注册成为用户，

① 1 英里 = 1 609.344 米。

在网上填写一份申请表格，提供个人资料审批合格后，去总部培训一天就可以上岗了。直到全球各地事件频发，舆论的压力才促使 Uber 不得不正视安全问题。

2014 年 10 月 9 日，深夜的芝加哥，一名醉酒的乘客在搭乘 Uber 召车的途中，被 26 岁的司机用斧头打得头破血流。

另一起事件发生在印度。2014 年 12 月初，一名印度女乘客报案称，其在使用 Uber 打车回家途中遭到该车司机的强奸，随后印度首都新德里决定禁止 Uber 运营。紧随其后，泰国、德国、西班牙等国，也纷纷抓住安全问题大做文章。

实际上安全只不过是一个借口，"反 Uber 运动"真正的理由并不在这里，但不可否认，安全的确是 Uber 最容易被人揪住，也最容易掀起舆论声浪的一个痛点。

所以，尽管 Uber 一直在为自己辩解，却也逐渐加强了在安全方面的管理和应对措施。这很符合 Uber 的风格：难题先搁置、先扛住，甚至先忽略，等到自身发展起来，有足够的能力时再解决。幸好，安全问题虽然敏感，却是一个能够被解决的问题。

有人曾经质疑，假如 Uber 向传统出租车行业的监管举措和保障手段靠拢，比如雇用司机，为司机购买保险，进行职业培训，用明确的条款、措施规范司机的行为，那么它和传统出租车公司又有什么区别？况且，假如 Uber 以一己之力承担这些支出而又不改变运营方式，恐怕就没什么盈利空间了。

但 Uber 作为一家科技公司，自然会用科技的手段来解决问题。比如为司机买保险，Uber 选用的是 Metromile 保险公司的服务，因为这家保险公司提供由基础费用和按里程变动费用两部分组成的车险，其计算公式为：每月保费总额 = 每月基础保费 + 每月行车里程 × 单位里程保费。其中基础保费和单位里程保费会根据不同车主的情况有所不同（例如年龄、车型、驾车历史等）。

如果私家车为 Uber 服务，其行车过程中可以分为几个不同的时段：

个人使用：车主关闭 Uber APP，不为其服务的时间段；

第一时段：车主打开 Uber APP，但还没有匹配到乘客的时间段；

第二时段：车主打开 Uber APP，同时已经匹配到乘客的时间段；

第三时段：车主打开 Uber APP，乘客上车以及到下车的时间段。

在车主的个人使用和第一时段的范围内，Uber 按照行驶里程为其购买 Metromile 提供的保险服务，在第二和第三时段司机则可以享受 Uber 提供的商业保险服务。

这种分段式的保险服务，不仅灵活，而且价格更低廉，非常适合 Uber 这种由兼职司机组成的公司。

在司机审查方面，Uber 也有不少动作。2015 年 4 月，Uber 专门为自己找来了一个"安全管家"乔·沙利文。沙利文是信息方面的专家，在加入 Uber 之前，曾在 Facebook 担任首席网络安全执行官一职，也曾在 eBay 和它的支付子公司 PayPal 的法律和安全团队工作了六年，在此之前，他还在司法部门供职八年，负责网络犯罪诉讼。

由于这位"安全管家"一直走在信息技术的先端，所以为 Uber 引进的司机审查手段也很先进：在提高司机准入门槛的同时，利用生物识别等技术手段进行司机监管，并与全球各地的城市管理者合作，共享安全数据，甚至还在探讨利用大数据预测司机的欺诈行为，等等。

活在政策保护的规则里
哪有明天

2015 年 1 月，美国波士顿的出租车运营商将市政府告上法庭，理由是它允许未受监管的公司进入市场，让价值百万美元的出租车运营许可证贬值。

控诉 Uber 不受监管、抢占市场、损害出租车行业利益，这是全球各地的传统出租车行业"反 Uber"的典型写照。只不过，直接将市政府告上法庭却是少见。在大多数情况下，政府部门要么在传统行业和新兴行业之间制衡，要么偏向传统行业这边，而波士顿的市政府却对 Uber 的出现表示支持，理由是，Uber 的出现对改善整座城市的交通大有益处。

在这座美国"新英格兰地区"最大的城市，出租车数量少得可怜，管理出租车产业的波士顿警察局于 2008 年颁布了简称《规则 403》的管理办法，其中规定全城出租车牌照数量为 1 825 件，不再增减。物以稀为贵，这个管理办法导致波士顿的出租车起步价高居美国第一，运营牌照的拍卖价格也居高不下。

也因此，Uber 进入波士顿不久，就在这座城市的交通市场占据了一席之地。不仅个体司机，原有的一些租车公司和专业司机也纷纷加入

Uber 麾下。当地一家由索马里裔移民创办的租车公司 Car Service Boston，由于在 Uber 的帮助下快速发展，甚至被提名为马萨诸塞州 2015 年最佳移民企业之一。

与此同时，出租车行业受到很大冲击，司机营业额缩水，连被他们认定为固定资产的运营牌照的拍卖价格也一路下跌。大批司机走上街头抗议。但抗议没有用，波士顿继而又出现了 Lyft、Sidecar 等打车软件，新兴的互联网打车与传统出租车之间的矛盾越来越激化，终于，支持前者的市政府遭到起诉。

市政府如此公开的支持，对 Uber 而言算是特例。但出租车行业的抗议、阻挠，对 Uber 而言早已见惯不怪。在全球多数城市，Uber 遭遇的都是传统出租车行业和司机的疯狂反对，原因是 Uber 触动了他们的既得利益。如得克萨斯大学奥斯汀分校城市规划专业助理教授罗伯特·杨所说："当基础性结构发生变革的时候，传统势力总会负隅顽抗。"

而这些传统势力负隅顽抗的方式往往如出一辙：以罢工、抗议、示威游行等种种方式，要求"政策保护"。

2014 年的 1 月和 6 月，巴黎等多个城市的出租车司机爆发"蜗牛行动"，数百辆出租车在路上以每小时十几公里①的车速前行，造成了严重的交通堵塞。参与罢工的出租车车窗和车身上贴着抗议标语，写着"Stop Uber""Uber 滚出去"，以及"我是正规出租"等口号，抗议 Uber 的"非法"竞争。到了 2015 年 6 月，由于法国政府部门暂时允许 Uber 运营，导致出租车司机的抗议行动升级，法国 2 800 多名出租车司机再次组织"蜗牛行动"，行动中甚至发生了掀翻并焚烧车辆、攻击 Uber 司机等暴力事件。

近年来，法国政府对出租车行业不断征收新的赋税，还提高了社会分摊金份额，加重了出租车司机们的负担，而且巴黎的出租车必须遵守的规

---

① 1 公里 = 1 千米。

定非常多，比如不能拒载，必须走最短路线，必须接受银行卡付款，等等，违反规定的罚款金额达到 1 万欧元以上。在这种状态下，Uber 以更便宜的价格、更便捷的服务、更灵活的体系出现在打车市场，抢走出租车的生意，而且还不用缴纳重税，再加上法国政府一定程度的默许，这自然会引发整个出租车行业的强烈不满。

旧金山出租车司机协会主席巴里·科伦戈尔德对 Uber 的评价，道出整个行业的心声："他们是强盗式资本家，一开始就非法经营，没有遵守任何法规，不公平竞争。这是他们发展壮大、并有足够的钱无视法规的原因。"

这样的话或多或少有点"吃不到葡萄说葡萄酸"的心理。历来受到当地政府监管机构严格管理的传统出租车行业，一旦利益受损，唯一的选择也只能是要求"政策保护"，毕竟本身就受到诸多政策限制的行业，如果没有政府撑腰，单靠市场竞争，肯定赢不了游离于监管之外的 Uber。

事实上，Uber 在巴黎推出 UberPop 之后，抢走了出租车司机 30% ~ 40% 的生意。原本，巴黎的出租车司机属于赚不了大钱，但赚钱也相对轻松的职业。毕竟多年来，执照的转让价格已经达到惊人的 25 万欧元，每个出租车司机手中相当于握着一笔不小的固定资产，而且日常的收入也相对稳定，虽然限制很多，但这份职业也得到良好的福利和保障。

而 Uber 一出现，把这一切都毁了。出租车司机对 Uber 的恨意，很好理解。但包括卡兰尼克在内的支持 Uber 的人却认为，出租车司机或许值得同情，但他们背后所依靠的行业却不值得同情。而针对那些为出租车行业"撑腰"的人，卡兰尼克说："这是保护主义者的阴谋……这些人保护的不是出租车司机而是出租车公司，而出租车公司根本就不想要竞争，只想维持现状。"

Uber 的一些司机曾经是传统出租车公司的雇员，他们对出租车公司的遭遇一点也不同情，有的司机回忆自己以前在出租车公司当司机时的经历时说："他们太笨了，把事情弄得非常费劲。"很多司机经常要在公司车库里等好几个小时，等着调度员确定有没有空车可以给他们开。

现实是，"几十年来，出租车行业推倒重来的时机早已成熟，"卡兰尼克不无骄傲地说，"是科技真正启动了这一进程。"Uber 只不过在这一进程中扮演了改革者、颠覆者这样一个遭人忌恨的角色。

现在，Uber 和传统出租车行业之间的"战争"仍在继续，无论最终胜负如何，Uber 对出租车行业的颠覆已成既定事实。但颠覆一个传统行业，并非 Uber 获得近百亿美元风投资金、估值超过 600 亿美元的原因，尽管卡兰尼克曾在一次宴会中说，"我们正在经历一场政治运动，参选人是 Uber，对手是令人讨厌的名叫出租车的家伙"，看起来似乎是将出租车行业视作对手，但并非如此。卡兰尼克曾坦言："对抗整个出租车行业而成为众矢之的，这并不轻松。"但他也明白，这种对抗和颠覆是历史的必然。况且，Uber 真正的目标并不是颠覆一个行业，而是"通过写代码来改变交通方式"。

加州大学伯克利分校交通可持续性研究中心主任苏珊·沙欣拥有十七年的相关研究经验，她发现 Zipcar 等汽车共享服务以及一些单车共享服务已经导致私家车拥有率出现了明显下降。她估计，像 Uber 这类服务也将会降低私家车的拥有率。

设想一下，未来几年，如果 Uber 能成功降低对私家车的需求，这将给人们的出行方式和生活方式带来深远影响，后续影响则包括缓解交通压力、降低市区生活成本、降低私家车对环境的影响（减少废气排放），并把目前浪费在停车上的空间用在更有价值的地方，比如建设住房等。

或许正是因为意识到了 Uber 的潜能，政府监管机构也并不总是站在传统行业这一边。比如，在出租车司机的大规模抗议事件发生后，法国总理曼努埃尔·瓦尔斯曾表态说，政府处理 UberPop 的"坚定态度"已见成效。然而他在贝桑松市的一次会议期间，却暗示法国当前的出租车监管体制可能是有问题的，"我们不反对 Uber，"他说，"我们准备审视这个领域的规定并且将考虑做出必要的改变。"

不管是支持，还是打压、禁止，世界各地的政府监管机构都是在急于将 Uber 纳入监管范围，或者踢出监管范围，眼不见为净，其目的都是一致的：或为确保自身利益，或为平衡新旧两方。

在世界范围内，对 Uber 表示公开支持和彻底禁止 Uber 的政府部门都属于少数，大部分政府部门都持中立态度，或者态度反复，或者措辞暧昧，或者对 Uber 睁一只眼闭一只眼，并未给予 Uber 合法性地位，但是给予了 Uber 暂时的生存空间。

更多的政府官员是希望在双方之间找到一个平衡点。如洛杉矶市长贾西提，一方面督促放松执行出租车法规，一方面则支持加州以州的层级规范 Uber 和其他叫车、拼车软件的决定。旧金山市政府在默许 Uber 运营的同时，也开始为传统出租车行业"松绑"，并在 2015 年宣布取消出租车牌照的 25 万美元预付费和每年 1000 美元的使用费，以此推动解决由牌照垄断造成的打车难和打车贵问题，促成出租车与 Uber 之间更公平的良性竞争。

眼光放得长远一些就会发现，历史的推进正如卡兰尼克所言："任何一个老的规则过去都曾经是新的规则，也曾是富有争议性的，任何一个规则都有可能从新规则变成老规则，再被新规则取代。"

"暴君"算法：
我一定是最佳方案，讨厌没用

    Uber 可以说是当下最讨人喜爱又最让人讨厌的互联网公司之一。无论人们喜欢它还是讨厌它，理由都是同一个：它带来了一场变革。喜欢它的人认为它的创立、发展和未来都令人欣喜，只需要在智能手机上装一个 APP，打车就变得像上网一样简单，而且 Uber 还打算让用户使用 Uber 汽车运送任何东西。而人们讨厌它、骂它，则是因为这场变革带来了良莠不齐的结果。

    在发展过程中，Uber 一直遭遇来自各方保守势力以及保守人群的反对。谴责者认为 Uber 并非创新者，而仅仅只是一个破坏者，它对出租车行业造成冲击和颠覆，将全球打车市场的水搅得更浑，却并没有给出更好的解决方案。与之相对的，支持者则认为，Uber 已经变革了现有的交通体系，让更多的人有了更好的出行选择，未来更将彻底改变人们的出行方式、生活方式，甚至消费观、价值观。

    Uber 这个产品自迈出扩张步伐以来，一直都是毁誉参半：人们一边赞美它的高效，在产品上的创新，一边批评它的"暴君"姿态，以及它在扩张进程中的"不择手段"。而在这些对它"毁誉"的人之中，除了那些因自身利益受损而反对 Uber 的人，大多数都是 Uber 的用户，包括司机和乘客。

当 Uber 面临来自政府部门、法院、传统行业的一系列"外患"时，来自用户的"内忧"也从未停止。美国喜剧明星杰瑞·赛恩菲尔德的妻子杰西卡曾在 Instagram 上贴出一张 415 美元的 Uber 账单，仅仅只是一次打车的车费，就如此昂贵，原因是当天晚上有一场人数众多的活动，造成了交通的压力，导致 Uber 费率上涨。杰西卡叫了一辆 Uber 送两个孩子参加活动，花费了 415 美元，在照片说明里她加了"# 上帝啊 #，# 永远忘不了 #，# 永远别再发生 #"之类的标签。很多人在下面跟帖分享类似经历，谴责 Uber 对顾客下手太狠。

很多用户的不满不仅来自 Uber 的高峰涨价机制，更重要的原因是，Uber 从来没有向用户公开车费上调的依据是什么，具体如何计算，它只说当某个区域的打车需求超过可用车辆时，软件会自动计算加价幅度。如果涨价幅度完全由 Uber 说了算，那和敲诈有什么区别？

不只是针对浮动定价，Uber 产品的每一种特征几乎都有用户表示不满。比如 Uber 不设预约，本意是为了提高效率，但很多用户认为还是应该有预约："有时候就是需要预约啊，有些地方打不到车怎么办？"

再如，Uber 采用的是派单制，司机无法事先得知乘客的目的地，也无权选择是否接单，因为 Uber 对拒单的司机有相应的惩罚措施，所以有时候事情会变成这样：一个准备回家的司机，想要顺便再接一单收工，单子派过来，司机见到乘客才知道对方要去的地方太远，司机不想去，这个时候他只好拒单，乘客没办法，只好再次叫车。其结果，既造成了乘客时间的浪费，也造成了司机时间的浪费，同时因为有拒单记录，还牺牲了司机在 Uber 平台上的好评率和本来有望获得的奖励。当然，类似的情况并不多见，但仍然引发了一些司机的不满。

用户多有抱怨，Uber 却不为所动。这家公司在面对用户时常常表现出一种"暴君"的姿态：你只需要听我的、照我说的去做就够了，不必多问，不必多想，因为我给你提供的就是最佳方案。

这种姿态常常引发用户的反感，但不可否认，Uber 是有足够的底气才这么做的。无论是定价问题，还是不设预约或派单，这都是 Uber 在追求效率的前提下做出的选择，效率提升，最终受益的是用户，用户获益，Uber 才有生存和发展的根基。实际上这些让一部分用户不满的产品特色，也是推动 Uber 成功很重要的力量之一。所以，牵涉到 Uber 根基的问题，都是原则性问题，而在关乎原则性问题的时候，不管面对外界或舆论多大的阻力，Uber 的选择从来只有一个：顶住阻力，坚持原则。

曾有人问卡拉尼克："Uber 在全球的发展阻力重重，原有的出租车行业都在对 Uber 发起攻击，试图摧毁它，Uber 将如何迎接挑战？"卡拉尼克回答："作为 Uber 创始人，我只关注两个关键变量：我的司机有没有赚到钱，收入有没有提高；我的用户在 Uber 平台有没有得到颠覆式体验。除了这两个变量，我不在乎其他任何变量。我就是为了让司机赚到钱、用户拥有更高的体验，我的目标不是让每个人 happy。"

变量 1·　司机收入

变量 2·　用户体验

来自用户的抱怨并非毫无道理，但是，一个功能好不好，一种运营策略有没有问题，Uber 对此自有一套判别标准：看司机是否赚到钱，用户是否受益。牵涉到这些原则性问题，Uber 不会因为用户不高兴、批评、抱怨而迁就。就像 Uber 上海区总经理王晓峰说的那样："如果你相信一个东西是对的，如果你相信一个东西对大部分用户是好的，你要去坚持，哪怕有 1% 或者 5% 的人不喜欢。"

　　这种坚决的态度让反对者越发不满，却能赢得拥戴者的心——Uber 把这笔账算得很清楚：对一个产品、一家企业、一个品牌来说，喜欢你的人会因为你坚持自我而更加喜欢你，反过来，讨厌你的人并不会因为你妥协迁就而变得喜欢你。

　　卡拉尼克和他所率领的 Uber 团队同样很清楚这一点：喜爱还是讨厌，赞美或是辱骂，这都不重要，对于一款产品而言，最重要的是用户在乎。

　　举个例子，Facebook 和微软旗下的 Live Space，曾经是针锋相对的竞争对手，两者不仅经营着类似的业务，还同时进行过网站界面的改版。改版之后，Facebook 有人赞扬，也有很多人臭骂，而 Live Space 既没人骂也没人夸——单从这个用户反馈数据上看，似乎后者的改版更成功，但实际情况却是，Facebook 获得了成功。

　　最好的产品是用户边用边骂的产品。不用怕有人骂，有人骂说明有人在乎，重点是分辨骂声中传递的讯息以及应对这种骂声的态度。

　　而 Uber 的态度是：你骂你的，我只一心一意追求极致的产品和用户体验。用 Uber 上海区总经理王晓峰的话来说："这个世界充满了太多平庸，如果你只是想使一个事情比别人好5%和10%，永远在浪费生命。比平均水平好 10 倍、好 20 倍，历史会记住你。"

　　这句话也可看作 Uber 的理念，在对待产品核心功能上，Uber 一直有种"零容忍"的"极客"精神。Uber 当初弃用谷歌的时间算法，自己组建团队做算法，就是"零容忍"的表现，跟 1 秒、0.1 秒都要较真，要在核心功能上做到极致。

　　任何一款产品都不可能在所有功能上做到极致，不可能满足所有人的需求，即使满足了需求，也不可能让所有人都满意。Uber 也是如此。所以它牺牲了其他，只坚持核心功能的"极致"。Uber 以一种"暴君"式的姿态，完全杜绝个性化选择，一切都必须为了效率"牺牲"，哪怕明知是用户的需求也是如此。正是这种极端化的"零容忍"，造就了这款"极端"的产品。

极端的产品必然毁誉参半。自从 Uber 问世以来，Uber 的拥护者和反对者都各执一词，争吵不休，谁也占不了上风。但 Uber 自身却是切切实实在往前发展，因为喜欢它的人会赞美它、挺它，骂它的人也不会真的卸载它。真正讨厌 Uber 的人，讨厌到打死都不用 Uber 的人很少，大多数人都是一边骂一边用，管它是邪恶帝国，还是浑蛋，不能否认产品有用。

很多司机对 Uber 反反复复的态度和试验感到厌烦，但仍然认为它比其他做法要好。旧金山的一名 Uber 司机说："我不能说'别管它了，我要关掉它'。出租车行业已经落后得一塌糊涂，必须加入竞争。"还有司机说："40 岁以下使用智能手机的人当中，没人再会跑到大街上摇手招车了，依我说，你要是打败不了他们，就加入他们好了。"

而很多用户对 Uber 的差评，也大多集中在一些细枝末节处，比如太冷冰冰，没有人情味，客服体系不完善，等等。对 Uber 的核心功能，很少有人指责，即使有所指责，也通常是因为 Uber 刚刚进驻当地城市，软件体验还不流畅，车还不够多，叫车效率还不够高等。

有盲区就有竞争对手，
战斗到甩开距离

来自全球各地政府的封杀和禁令，来自传统行业的阻挠以及来自用户的不理解和反对，让身处扩张进程中的 Uber 应对不暇。与此同时，竞争对手也开始如雨后春笋般层出不穷，都试图从 Uber 手中抢占市场，分一杯羹，Uber 的处境可谓现代版的"四面楚歌"。

在美国，Uber 最大的竞争对手 Lyft 已开始在一些城市与之分庭抗争。Lyft 和 Uber 一样，都是在旧金山市起家，产品也如出一辙，都是通过手机定位、叫车、支付。

就 Uber 这样的创新产品而言，破天荒地第一个把它做出来很难，但要复制却很容易。当然，任何人复制都只可能复制到 Uber 产品的表层，毕竟日积月累的大数据，自行研发的地图技术、时间算法，包括对数据的分析和运用，这些 Uber 早期建立起来的竞争壁垒，不是一朝一夕就能够冲破的。

自 2012 年以来，包括 Lyft 在内的许多叫车软件开始现身于打车市场，Uber 再强悍，也不可能覆盖所有城市、所有人、所有角落，而这些被 Uber 忽略的人群和角落，就是 Uber 的竞争对手们得以在它的巨大阴影下存活下来的根基。

比如，Lyft 就曾经专注于社区服务，以一个个社区为单位，为他们提供及时、亲切的服务；它还与全美医疗运输网络（National MedTrans Network）合作，并引入了一款叫 Concierge 的第三方 Web 应用，为没有智能手机的纽约病人提供 Lyft 叫车服务。

同时，它还不遗余力地刻意在 Uber "欠缺"的部分打出差异化的口号，比较一下两者的 slogan：Uber 是 "每个人的私人司机"，Lyft 则是充满人情味的 "您身边会开车的朋友"。Uber 专注于标准化的服务，追求高效率，去个性化；LLyft 则反其道而行之，以俏皮的粉色胡子作为徽标，竭力推崇社区文化、交友文化。

在 Uber 还没有为司机提供保险等福利时，Lyft 就已经对司机待遇做了很多改善：Lyft 的联合创始人兼总裁约翰·齐默尔曾对专车司机表示，Lyft 是司机待遇最好的移动出行公司，在美国大多数城市，Lyft 提供给司机的待遇都比 Uber 要高，同时还推出了针对专车司机的一系列福利待遇，比如和星巴克连锁店合作，给司机提供消费打折，在第三方的医疗保健、报税、汽车贷款等方面，Lyft 也通过一些合作伙伴给司机提供优惠和帮助。

当 Uber 在乘车安全方面被负面舆论所扰时，Lyft 立刻宣布自己已经建立起庞大的安全保障团队，着重于用户安全，尤其是女性乘车安全。Lyft 平台上有 30% 的司机是女性，这一数据是 Uber 的两倍，担心乘车安全的女性乘客很容易倾向于使用 Lyft。

另外，在 Uber 无暇顾及的一些用车场景，Lyft 同样不遗余力，比如它和旧金山当地旅游局建立合作关系，让旅客乘坐 Lyft 便捷出行，同时 Lyft 的司机在车上还可以给乘客推荐当地好吃好玩的地方。在其他方面，Lyft 也专注于一些特别的使用场景，比如为家长提供接送孩子的车，让企业帮助员工通勤，等等。

甚至 Lyft 还与租车公司合作，以低于市场价的租金将车租给那些没有车的人，让他们也能够加入 Lyft 当司机。同时还和石油公司合作，为 Lyft 司机提供优惠价的汽油，时间越长，优惠越多，甚至能够免费加油。

为了让司机能当天拿到当天挣的收入，Lyft 甚至在支付系统上特别做了 Express Pay（极速付），司机上午接的单，下午就可以提现到账。

Lyft 之所以成为 Uber 在美国最大的竞争对手，和它针对 Uber 实施的这些举措有关，但更重要的原因是，它早在 2012 年成立之前，就已经暗地里做了很多动作。Lyft 的前身是一家做长途拼车软件的公司，于 2012 年转型做了移动出行软件 Lyft。不同于 Uber 的坎坷历程，Lyft 一开始就是和私家车主合作，由于在成立之前，已经融了好几笔投资，所以 Lyft 一进入市场，就迅速崛起，如今，它在旧金山市已经占据了 40% 的市场份额，直逼 Uber。在得州首府奥斯汀，市场份额更是达到 50% 以上。

有这样一个专挑"软肋"下手的竞争对手，Uber 在美国的日子恐怕不太好过。为了和 Uber"对抗"，Lyft 宣布自己不会进军海外，会专注于美国市场。Lyft 甚至在 2015 年和美国在中国最大的竞争对手滴滴快的达成了合作关系，也是为了共同"对抗"Uber。

从长远来看，来自政府部门、传统行业以及用户的刁难，终将随着 Uber 这一新事物的发展和时代的进步而消泯，对于 Uber 来说，来自竞争对手的"对抗"或许才是最可怕的事。这就像一场拉锯战，只要一步落后，就再难挽回。Uber 必须马不停蹄地创新，甩开竞争者和模仿者，同时还要时刻绷紧心神，随时准备应对和反击。

在全球打车市场，Lyft VS Uber，只是竞争的一个缩影。Uber 在世界各地都不乏强有力的本土竞争者：

亚洲	欧洲	美洲
☐ 中国 滴滴快的、易到、神州专车	☐ 英国 GETT	☐ 美国 Lyft、Sidecar
☐ 印度 Olacabs	☐ 法国 BlablaCar、Chauffeur-Prive	☐ 墨西哥 Cabify
☐ 韩国 Kakao Taxi	☐ 西班牙 MyTaxi、Hailo	☐ 巴西 Easy Taxi
☐ 日本 Line Taxi、Hailo	☐ 捷克 Liftago	☐ 哥伦比亚 Cab
☐ 东南亚 Grab Taxi	☐ 德国 MyTaxi	
	☐ 瑞典 Taxijakt	
	☐ 俄罗斯 Yandex	

在亚洲：

Uber 在中国的主要竞争对手是滴滴快的，其次还有易到用车、神州专车、AA 租车等。滴滴快的每天有 600 万订单，这几乎是 Uber 在中国日订单量的 6 倍。Uber 要想在这块市场开辟出一片天地，就必须和这个占据四分之三市场份额的对手进行"战斗"。

印度打车市场的主导者是 Olacabs。Uber 在印度的一些城市曾经遭到禁止，面对本土软件的"威胁"，Uber 的本地化道路仍然漫长。

而在韩国，打车市场由 KakaoTaxi、Uber、Limo Taxi、T-Map Taxi、Hailo、Easy Taxi、Baek Gisa 共同瓜分。UberX 已被封杀。韩国当红的移动消息应用 Daum KaKao 也推出了自己的打车服务。Uber 在韩国的路同样不好走。

在日本，Line Taxi、Hailo、Uber 同时存在，Uber 一时也无法胜过其他软件称雄市场。

在新加坡、马来西亚、越南、泰国、印度尼西亚和菲律宾，主要的打车软件是 GrabTaxi，它是东南亚打车市场的"老大"，近来更是得到软银和滴滴快的等亚洲巨头的 7 亿美元投资。

在欧洲：

英国打车市场主要被 Uber 和 GETT 占据，同时还有 Hailo、Addison Lee 等。GETT 通过豪车定位不断抢占市场，对 Uber 造成不小的威胁。

法国的 BlablaCar、Chauffeur-Prive、LeCab 都是 Uber 的竞争者，鉴于 Uber 在法国的复杂处境，一时半会儿恐怕也很难一家独大。

西班牙禁止 Uber 运营，尽管 Uber 一直在争取，但大多数用户都转向 MyTaxi、Hailo、Cabify 等打车应用。

捷克作为 Uber 在中欧和东欧地区扩张的起点，Uber 在这里同样面临本地竞争对手 Liftago 的强势对抗，Liftago 曾宣称已将布拉格 10% 的司机招入麾下。

在德国，Uber 处境同样堪忧，自从 UberPop 退出德国的三大城市，Uber 在德的市场份额急剧缩水，再加上其他打车软件 Mytaxi、Wundercar、BlablaCar、Blacklane 分割市场，Uber 想要东山再起并不容易。

在瑞典，情况还算乐观，Uber 和 Taxijakt 分占市场。瑞典的出租车行业和政府都对 Uber 的进入持开放态度。

在俄罗斯，本地的搜索引擎 Yandex 旗下的一款打车应用在 Uber 进入市场之前，已发展了两年之久，Uber 作为后来者，很难占据优势。

在北美：

Uber 在加拿大占据了主要份额，唯一的竞争对手是当地拥有自己的智能手机应用的出租车公司。

在墨西哥，有 Uber、Cabify、Easy Taxi、Yaxi 等多款手机打车应用，但政府已经通过放行 Uber 专车服务的法规，这对 Uber 的发展大有助益。

在美国，除了 Uber 和 Lyft 这两大主要打车应用之外，还有 Sidecar、Flywheel、Via、Curb 等众多应用。

在南美洲：

巴西打车市场由 Easy Taxi 和 Uber 主导。Easy Taxi2011 年由 Startup Weekend Rio 推出，由德国火箭网资助，目前已拓展到 30 个国家，拥有 7 700 万美元的资金储备，对 Uber 来说，也是一个强有力的对手。

哥伦比亚的市场主导者则是 Cabs。Uber 进入市场，曾遭到当地出租车工会大规模抵制。

在非洲：

尼日利亚、肯尼亚、南非的市场由 Easy Taxi、Maramoja、Uber 瓜分。Easy Taxi 凭借在高犯罪率城市实施更加严格的司机审查而更胜一筹。

在大洋洲的澳大利亚，Uber 发展迅猛，但同时也遭遇了 Cabcharge、Ingogo、GoCatch、RideBoom 等打车应用的竞争。

从全球范围来看，尽管目前还没有任何一个竞争者有超越 Uber 的迹象，但各地的本土软件俨然已成为 Uber 扩张市场的最大"威胁"。面对这种境遇，面对已经白热化的打车市场的竞争，Uber 除了战斗，别无其他办法。

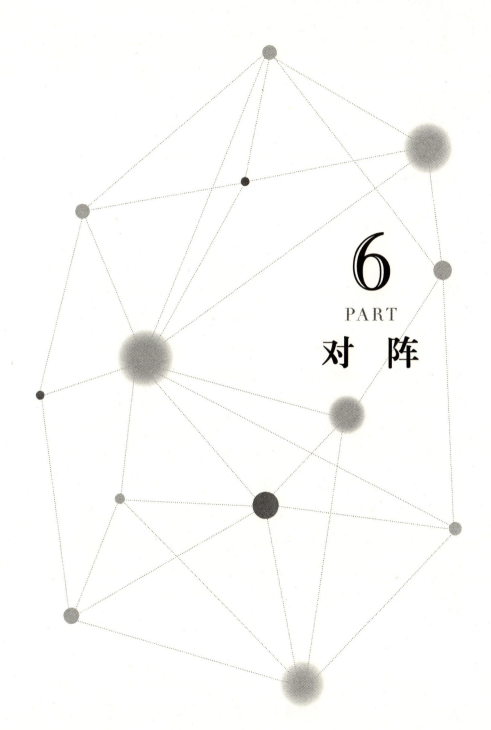

6
PART

对 阵

人格化的产品
是最好的公关

关于如何"战斗"，卡拉尼克自有一套心得。

对他而言，创业就等于战斗，经历了第一次创业被告到破产的倒霉，以及第二次创业零薪酬苦苦支撑好几年才卖到钱的悲惨，卡拉尼克在袜子上印了一行字——"血、汗和拉面"。

"想想看，在连续六年的时间里，每天都听到上百次的'不'是什么感受，"他说，"当经历过这些事情后，你会成长为一个坚强的老兵。只有内心变得真正强大时，你才能坚持下去，为你的信仰而战。"

在美国，他被很多人称为"浑蛋"。看看他做过的事，就知道这个骂名并没有冤枉他：地方政府禁令下来，他野蛮扩张，高歌猛进；出租车行业开始对抗性罢工，他就趁机组织 Uber 汽车出动圈占市场和用户；竞争对手要融资，他公开破坏；任何质疑 Uber 的监管机构、传统出租车行业、竞争对手，甚至自己的客户，都没能逃过他的刻薄言论……

这个时刻保持"战斗"姿态、时刻准备回击敌人的男人，说起话来像个十足的"浑蛋"。当被问及如何与向 Uber 发出禁令的政府部门打交道时，卡拉尼克毫不掩饰他对"敌人"的蔑视，他公开宣称："一些市政人员很棒，但多数很无趣，我会尽可能减少与他们会面。"

他还说过："如果抵制你的人所坚持的主张是你所尊敬的，那么你就不要和他对抗了。如果抵抗的核心目的在于保护既得利益者，在于为市民出行提供更少的选择，那就没什么好谈的。"

他甚至在公开场合不止一次说过："未来的 Uber 不再需要司机。"这是句实话，未来假如无人驾驶技术成熟，不止 Uber 不再需要司机，整个世界也许都不需要了。但知道真相和说出真相是两回事。在 Uber 还需要"仰仗"司机卖力工作才能维持运营的现状下，身为 CEO，肆无忌惮说出这种傲慢的言论，未免欠缺考虑。

结果不出所料，卡拉尼克的言论引发了众多司机的不满，舆论的矛头也一致指向 Uber 和这位出言不逊的"Uber 代言人"。

很多时候，人们谈论 Uber 和卡拉尼克，总是将两者混为一谈，好像它们本来就是一回事。这种想法多少有些道理，因为卡拉尼克之于 Uber，可谓天然的代言者。正是被称为"浑蛋"的他，为 Uber 带去了"凶猛"的文化基因；Uber 在发展历程中能够跨越重重阻碍，多亏了他的好斗性格；Uber 颠覆传统行业，和卡拉尼克自身的叛逆如出一辙；Uber 发展如此迅猛，也和他天生的"创业基因"有关；Uber 的毁誉参半，也是卡拉尼克自身荣辱加身的写照。

当初 Uber 的创始人一致推荐卡拉尼克担任 CEO 时，恐怕早就想到了这一结果。

卡拉尼克是 Uber 的创始人之一，但并非 Uber 最早的 CEO，他作为 Uber 的 CEO 为世人所知，是 Uber 开始收到各种禁令、遭遇各方围攻的时候。像 Uber 这样的新生事物，以前所未有的创新方式让消费者享受便利，但背后却必须挺住来自主管机关及地方出租车业主的压力和威胁，Uber 的创始人都相信，除了卡拉尼克，没人能带领 Uber 挺过这一关。对此，卡拉尼克自己也很清楚，他曾说："知道我背景的人，就知道打官司对我就像回家般熟悉。"

他从自己的创业经验里总结出一个道理："新创事业总会颠覆惯性规则，法律上站得住脚，就无须屈服。"而在带领 Uber 冲破阻力前行的过程中，卡拉尼克又更进了一步：即使 Uber 在各国各地的法律上站不住脚，他也没有屈服过。

这种"不屈服"一度帮助 Uber 跨越许多难关，却也为 Uber 带来不少麻烦。在 2015 年的《福布斯》最糟糕 CEO 盘点中，卡拉尼克榜上有名。入选的理由是，他在 2014 年带领 Uber 进行一系列扩张的进程中，犯下不少错误，致使 Uber 的发展在全球受阻。

很难说清楚 Uber 的受阻是出于卡拉尼克过于激进的作风，还是因为 Uber 本身的存在触动了旧事物的"敏感神经"。无论如何，将 Uber 遭遇困难的原因全部归结于卡拉尼克，未免片面。

枪打出头鸟，人们已经习惯于将负面评价用在卡拉尼克身上，这种现象正如 Uber 最早的投资者说的那样："既要当颠覆者又要不让人讨厌，很难。"更何况，"讨厌的事情"，卡拉尼克和 Uber 并没少干。

不仅卡拉尼克本人对司机出言不善，Uber 对司机也做过不少"浑蛋"的事，比如 Uber 本部曾召集司机，名义上说是有什么活动，实际上是想收走发给他们的 iPhone 手机；Uber 还曾经不顾司机收益受损，仅仅为了与对手 Lyft 竞争而下调车费，美国甚至曾经发生过 Uber 司机联合关闭应用拒绝服务客户等抗议活动。

怠慢司机几乎成为 Uber 身上的一个固定的舆论标签，这给人带来一种印象：似乎那些为 Uber 工作的司机都生活在水深火热之中。它的竞争对手 Lyft 也抓住这一点大做文章，将自己打造成和 Uber 截然相反的"司机待遇最好"的打车软件公司。

另外一些贴在 Uber 身上的标签是：野蛮、凶猛、激进……当下，做打车软件的创业企业早已不止 Uber 一家，但 Uber 却仍是传统行业和舆论的"众矢之的"，这或多或少是因为 Uber 的一贯作风太过激进，以至于容易成为"靶子"。比如 Uber 的企业博客就曾发表过这样的言论："遍布美国各地与 UberX 合作的司机向大家展示了当司机是一项不错的生意。而相反的是，通常美国出租车司机生活在贫困线以下……而富有的出租车公司老板却从那些除了开车别无其他谋生选择的司机身上大肆榨钱。"这可以说是毫不客气地将出租车公司定义成了"为富不仁"的坏人角色。

事实果真如这些"标签"所言吗？如果属实，那为什么还有这么多人选择做 Uber 司机？为什么"野蛮""凶猛"的 Uber 能够在这么多国家和城市扎根？显然，人们忽略了事情的另一面。卡拉尼克在很多场合反复说过，他只是喜欢冒险，享受人生的不确定性，但本质上并不是一个好斗的人。早期的 Uber 投资人也说过："卡拉尼克的战士形象是一种策略，而不是战略。"

经常表现出剑拔弩张的姿态，是因为面临来自四面八方的"威胁"，非常时期应该使用非常手段。卡拉尼克的想法很单纯："如果核心原则都不一致，必须进行有原则的对抗。要么按照他们的要求去做，要么就为信仰而战斗。"

说到底，卡拉尼克和 Uber 做过的那些"浑蛋"事情，都是为了"战斗"。要想"战斗"，只有先武装自己，让自己变得强硬，哪怕这会让自己看起来惹人讨厌。

与其说 Uber 和卡拉尼克的"战斗"策略是野蛮、凶猛、"浑蛋"，不如说，让人又爱又恨才是真正的"策略"。野蛮与果断，凶猛与行动力，"浑蛋"与真诚，本来就是一体两面。当 Uber 和卡拉尼克以毫不妥协的姿态在一面做到极致，其实也意味着另一面也是极致。当它的一面越讨人厌时，也意味着另一面越让人爱。

不可否认的是，Uber 并不完美，但它是一个有魅力的品牌，让人难以忽视它的存在。提及 Uber，你能想到什么？人们喜欢它和讨厌它的理由很可能是同一个：因为它是有性格的。现代营销大师菲利普·科特勒说："一个成功的人格化的品牌形象就是其最好的公关，能够促使顾客与消费者的关系更加密切，使消费者对品牌以及其内在文化的感情逐渐加深。最终，品牌在消费者心中的形象，已经不仅仅是一个产品，而渐渐演变成了一个形象丰满的人，甚至拥有自己的形象、个性、气质、文化内涵。"

人们喜欢 Uber，喜欢的是一款冰冷的软件吗？还是喜欢一个年轻的、叛逆的、有科技感的、格调比较高的、利落的、好斗的，甚至是有一点邪恶的人格形象？试想，我们是更容易对一个无生命的物品，还是更容易对一个"形象丰满、性格鲜明"的"人"动用感情并保持忠诚度？

卡拉尼克本人也是一个相当有魅力、有存在感的人。天使投资人贾森·加拉加尼斯在谈到为什么会第一时间投资 Uber 时说过："当 Uber 创始人特拉维斯·卡拉尼克提出'让每个人拥有专车司机'时，我甚至没有对他的想法做丝毫判断，因为他本身已经是成功的保障了。"

还有另一件事情可以证明卡拉尼克和 Uber 的"魅力"：

在 2015 年 9 月 23 日美国西雅图召开的第八届中美互联网论坛中，一张云集了中美互联网大佬的"最贵"合影在社交网络上被疯传。细心的人发现，谷歌 CEO 桑达尔·皮柴和近来风头正劲的 Uber 创始人兼 CEO 卡拉尼克都缺席了这一合影。这一现象成为网络上的热议话题。

有分析者认为，谷歌 CEO 的缺席，说明谷歌重返中国推出应用商店 Google play 的计划可能受挫；而卡拉尼克的缺席，则折射出 Uber 在圈占中国这一巨大市场时遭遇的不顺，再加上论坛期间占据中国打车软件市场最大份额的滴滴快的与 Uber 在美国的主要竞争对手 Lyft 签署战略合作协议一事，卡拉尼克缺席合影的事也就显得格外意味深长。

后来的事实表明，卡拉尼克缺席的仅仅是论坛第一天的合影，实际上，他不仅全程参与了这一次互联网论坛，而且还在论坛期间与中国互联网大佬来往甚密。但Uber受"排斥"的印象早已深深留在人们心中，事实如何反倒不再引人注意。

卡拉尼克和Uber的"魅力"由此可见，不管他们存在，还是不存在，都让人无法忽视。卡拉尼克自己并不介意整个世界都把矛头对准他，反正他很擅长"战斗"，也很享受"战斗"，只不过他承认对一家公司而言，印象很重要，"如果我们在搞竞选活动，而Uber是候选人，这种情况不会实现"。但同时他也认为："（Uber要面对的）不是民主问题，而是产品问题，你无法按照简单多数赢得胜利，你必须有绝对优势才行。"

所以，从另一个角度来讲，Uber的"战斗策略"也包括它在产品上的"用心"。那些觉得受到怠慢的司机为什么还愿意留在Uber平台上？原因有且仅有一个，那就是利益驱动。而Uber在提升效率方面可谓不遗余力，很简单的道理：只要有钱可赚，司机就不会离开；只要随时随地可以叫到车，用户就不会离开。

既然要吞并世界
又何必四处联姻

放眼今天的全球打车市场，多家混战的局面很像一场"世界大战"。总的来说，主要呈现出三种状态：

一是 Uber 占主导地位的国家，比如加拿大、墨西哥、英国、阿联酋及中东等地已经成为 Uber 的根据地。

二是"本土"企业占主导地位的国家，比如中国和印度，中国市场最大份额属于滴滴快的；印度则属于 Ola。尤其 Ola 在 2015 年 3 月份和 TaxiForSure 完成合并，市场占有率已经达到 80%；紧接着，4 月份又获得 4 亿美元 E 轮融资，F 轮融资则达到 5 亿美元额度，总估值已达到 50 亿美元左右。还有法国，崛起了一家本土化的打车软件 BlaBlaCar，刚刚完成新一轮融资，估值15亿美元。另外，俄罗斯市场也由本土玩家 Yandex 主导。

三是仍处于各家"混战"的国家。如韩国、日本、瑞典、土耳其、尼日利亚、肯尼亚、南非等地，目前仍处于没有绝对赢家的局面。

巨头"一统天下"的局面还没有出现，而作为整个"盘面"上最大的一个玩家，Uber 所采取的策略简单而直接：单干，不结盟。

孤军作战的 Uber 和其他"玩家"纷纷结盟、联手的局面形成鲜明对比。

当各地打车软件崛起，打车市场的竞争越来越白热化的时候，Uber 仍然靠着"单点突破"的方式进入一个又一个城市，并且靠着自己独有的技术壁垒、雄厚的资金实力和本土化策略，迅速占领了市场，这让各地的"玩家"在本土与"入侵"的 Uber 进行"战斗"的同时，逐渐意识到了在国际范围内排兵布阵的重要性。

单纯地防御 Uber，并不能遏制它的扩张速度。各地的"玩家"们开始倾向于国际结盟，靠"多点牵制"的方式阻拦 Uber 吞灭全球的脚步。中国市场的主导者滴滴快的在 2015 年宣布以 1 亿美元参投 Lyft 最新一轮融资。在 Uber 专心远程征战中国市场的时候，投资 Uber 在美国的死对头，滴滴快的的目的再明显不过。同时，滴滴还宣布参与投资东南亚打车市场巨头 Grabtaxi 新一轮 3.5 亿美元的融资，而滴滴快的的投资方之一中国投资有限责任公司也参与了这轮融资。

比起征战，滴滴快的找到了最轻松的方式来阻挠 Uber 的全球扩张步伐：以投资、战略合作等方式在国外结交"盟友"，组成联合阵线来抵御 Uber 对各地市场的"侵略"。

比如，通过投资 Lyft，以及达成相关的合作协议，Lyft 可以借助于滴滴的快的资源轻松进入中国市场，滴滴快的也可以在美国得到 Lyft 司机们的帮助（美国每年接待近 2 亿人次中国游客，超过其人口总数的一半）。比较起来，选择单干的 Uber 则需要自己花费 10 亿美金来打开中国的市场。

不只是"拉拢"Lyft，滴滴快的的目标远不止于在中美市场进行资源互换，它同时还瞄准了印度市场的 Ola 和东南亚市场的 GrabTaxi，试想，如果滴滴快的能把这几个市场的主导者串联起来，形成统一防线，对 Uber 来说将是一个很大的阻碍。反过来想也是一样，对 Ola 和 GrabTaxi 来说，在中国这个大市场占据主导地位的滴滴快的也是一个值得"拉拢"的对象。毕竟，作为在全球市场上屈居于 Uber 之下的各地的"老二"，大家共同的敌人当然是最有实力的那个"玩家"，为了壮大自己，也为了避免被巨头吞灭的命运，组成联合阵线无疑是最好的选择。

作为暂时的，也是唯一的"巨头"，Uber 所处的位置多少有些"高处不胜寒"，但这并不是 Uber 选择不结盟的理由。据说，当初 Uber 进入中国市场时，Uber 方面也曾主动向滴滴快的透露过合作意向，但 Uber 提出的条件是入股滴滴快的，同时却不愿意让对方入股 Uber，如此"蛮横"的合作条件，滴滴快的自然不同意，结果二者未达成一致协议。

有人分析 Uber 的"不合作""单点突破"战略，认为这和 Uber 的创始人卡拉尼克的强硬作风有关，看看他和滴滴快的谈合作时的态度就知道，这样一个靠野蛮扩张、激进手段打下"Uber 帝国"的创业者，更习惯于对抗，而不是合作。

这种强势作风也是 Uber 历来的行事基准。作为打车市场变革的"第一人"，Uber 不仅以对抗者的姿态成为传统行业最大的"靶子"，而且也成为所有"后来者"想要超越或者打倒的对象。而 Uber 的目的也是想要吞并市场上的其他玩家，所以也很难和任何一个对手"联姻"。

Uber 似乎想要以一己之力"单挑"世界。在卡拉尼克眼中，Uber 的目的是消灭私家车的概念，让任何地区的用户都可以通过 Uber 平台的算法随时调用汽车，使"出行"成为像水电一般的基础服务。这件事本身就无法通过合作的形式来完成。Uber 为什么对滴滴快的提出那么"荒唐"的合作条件？就是因为 Uber 独有的技术是构建这个全球"出行帝国"必不可少的条件，它需要保持独立性，才能如"上帝之眼"一般，全盘统筹所有的资源，让一切都达到最高效率的运转，因此很难与其他平台进行融合或者合作。

再加上，Uber 属于打车市场的先行者，它从前期开始就有自己很深入的布局策略，同时，它也为此烧掉了太多的钱。正在盘算后期回报的 Uber，与别的玩家进行联盟恐怕弊大于利。

换个角度来说，那些"结盟者"正是因为有 Uber 这个"大玩家"存在，才有"对抗巨头"这一共同利益作为合作基础。而对 Uber 而言，它和任何玩家之间其实都不存在"共同利益"。更何况，在"让用户更高效经济地用车"这一愿景上，Uber 是怀着绝对自信的，它不认为还有任何一款产品能够比它做得更好。

总而言之，在群雄割据的打车市场里面，Uber 虽然目前仍占据绝对优势，却也面临巨大的竞争威胁。但若扩大视野来看，Uber 的野心绝不仅仅在打车市场上。

企业家兼科技评论员迈克尔·沃尔夫曾这样评价 Uber：

如果你把 Uber 看作是一家在一些城市有分公司的汽车服务公司，那它的规模并不算大。

如果你认为 Uber 把握住了几十个城市的汽车市场的主动权，而且还在不断扩大，那么它的规模算是大了一些。

如果你认为 Uber 提供了私人运输服务，比如接送你的孩子上下学，接你上班，去机场接你的父母，接你去约会的夜晚喝一杯，那它的规模会越来越大。

要是你觉得 Uber 可以代替你自己的车，它的意义就更大了。

要是你会使用 Uber 组织的无人驾驶车系列，这个团队会进一步发展。

要是你觉得 Uber 是一台巨大的计算机，指挥着几百万人或物品在全世界流动，那你面对的就是世界上最大规模的企业之一。

拥有大视野、大野心的 Uber，仅从企业愿景、价值观层面来讲，就很难与其他"玩家"成为"盟友"。

Uber 并不是一款简单的手机应用软件，它的生态系统是平台型的，能够连接全球互联网的资源和用户，而互联网的世界是无边界的，这才是 Uber 商业模式的终极形态。

Uber 还可以涉及更多领域，而这也是 Uber 下一步想要做的事。

曾经有一篇名为《Uber 宣布进军建筑设计市场地球已经无法阻止 Uber 了》的文章在社交媒体上成为热门话题。文章中写道，打开 Uber 软件后首先会看到用户周边的设计师，然后可以选择"人民建筑师""资深建筑师""品牌建筑师"和"建筑大师"四个级别，点击"呼叫设计"即可进行选择下单，随后用户可以与设计师进行当面的沟通。

当然，这是一条假新闻，但文章中所采用的方式未必不能成为现实。如果真能成为现实，其对设计师行业所带来的冲击绝不小于出租车行业。

除此之外，Uber 进军各行各业的文章层出不穷，包括房地产中介市场、摄影市场、葡萄酒市场、培训市场、传媒市场，等等，Uber 一下子变成了一种万能的模式。当然，这些新闻都是假的。

尽管是假的，但并非毫无道理。Uber 的"共享平台"商业模式，的确能够连接各行各业的各种资源，以创新的方式颠覆传统商业模式。

严格来讲，上面那条假新闻中，Uber 进军房地产中介市场已经在现实中发生。据《华盛顿邮报》报道，Uber 新产品"Uber 买房"已经研发成功，用户使用这款产品，可以一键呼叫置业顾问，按照自己的喜好设定类型，比如选择年龄、所属楼盘类型，等等。选择下单后，与 Uber 打车连接的系统平台会分配专车来接你到售楼部，用户也可以选择由置业顾问亲自来接，先参观楼盘附近的生活配套设施，同时，项目的微官网将向用户全方位展示品牌、社区、建筑风格、户型等内容。

这个模式实际上相当于将 Uber 产品嫁接在地产行业的商业流程当中，让 Uber 化身为满足用户交通这部分需求的工具。这本身就是 Uber 的存在意义：按需供应。Uber 不同于传统出租车公司，它最初是为了满足用户需求才产生的，连接汽车资源，也是为了满足乘客叫车的需求，换句话说，不是 Uber 汽车来满足用户的需求，而是用户的任何出行或运送需求，都能够通过 Uber 车辆的调配加以实现。

而从 Uber 的产品模式来讲，调配一辆车去接一个人，和调配一辆车去接一个商品、去完成一项服务，并没有任何区别。用卡拉尼克的话来说就是："我们就这样简单粗暴地在（司机的）手机客户端上说，'当某个点闪烁的时候，点击屏幕然后照着地图指示走，你不需要接客户去哪儿，只要把物品（或服务）送给他们就行了'。"

只要一项业务需要实时调度或按需分配，Uber 就可以尝试，因为背后的算法是一致的，不管平台连接的一端是私家车还是其他交通工具，另一端是人还是物品并不重要，只要连接起作用、算法起作用，就能够实现调配，满足需求。

未来，很可能Uber会和众多的"玩家"共存很长时间，在这段时间内，也许都不会出现真正的、唯一的赢家。角逐、竞争、对抗、战斗，仍然将是全球打车市场的"主旋律"，但这正是"共存"的意义所在。Uber 成长为今日的规模，正是由于无休止的"竞争"和"阻挠"，刺激它进步不止。

如何引导舆论
市场公关 + 政治游说

可以说，自创立以来，Uber 大多数时候都是负面消息缠身。但神奇的是，这一切并未给 Uber 的发展带来多少阻碍。Uber 该融资的时候融资，该扩张的时候扩张，似乎丝毫不受影响。

这当然不是因为 Uber 运气好，而是因为它在应对舆论方面很有一套。

长期以来，Uber 应对负面舆论的态度都是：极其淡定。这看起来是毫无作为的表现，实际上，这种淡定感也是经过精心策划的公关策略。

比如，在 2015 年，Uber 在中国接连遭遇了不少麻烦，包括微信公众号全面被封杀、在一些城市车辆遭到监管部门查封，遭遇竞争对手的"舆论黑手"……面对这些问题，Uber 的态度都是：

"我们只管继续服务好自己的客人，打造好的体验，只要我们把事情做对，那么一切都会好的。"

"我们还是专注于做好自己的事情，别人怎么说，那就怎么说呗。还是希望有健康的环境，更多地从如何服务用户角度考虑。"

结果，正是这种态度，和那些多少有些急功近利而显得"面目狰狞"的竞争对手形成鲜明对比，从而为 Uber 赢得了人心和舆论的支持。

拿腾讯全面封杀 Uber 官方公众号一事来说，尽管腾讯的官方说法是，Uber 的微信信息"诱导其他用户点击链接或者分享信息"，违反了微信的相关规定，因此采取封杀。但有心人一分析便可猜测到背后原因。

而 Uber 的态度，起初是很直接地回应："我们都知道腾讯投资滴滴，为滴滴提供入口与技术支持，此中关系不必多说。经过一轮一轮的烧钱之后，滴滴终于坐稳了中国打车软件第一的位置，然而优步又强势进入中国市场，开始不断抢占市场份额，滴滴面临新一轮的竞争压力。大家都心知肚明，他们是因为滴滴封杀我们。起先说我们是恶意营销，今天又改口说我们 ICP 证有问题，我们提交了合法的 ICP 证，他们没话说了，说是可以申诉。可是永久被封，按照微信的规定，我们是没有申诉权利的。"

随后，Uber 表示，即使恢复公众号运营，也不会在微信平台上倾注很大的心血了。但是，没关系，微博上还有 Uber 在，APP 里还有 Uber 在，整座城市里都有 Uber 的汽车和司机以及用户，"朋友本无圈"，无须微信这片土壤，Uber 也能够存活。

Uber 很明确自身的"弱者"处境，同时也通过公关舆论，以及从失望、到无奈、到最终平复的态度强化了这一处境，从而在这件本该损失严重的被封事件中，转而获益。

当然，Uber 的公关策略并不仅仅是赢得舆论支持这么简单。极端地来讲，舆论也不太可能完全"一边倒"。况且，Uber 作为当红的创业巨头，有人唱红，有人唱衰，这是正常现象，Uber 并不打算让舆论都站在自己这一边。

它的公关策略的关键点是：吸睛。始终让自己成为话题的焦点，始终站在舆论的中心，用鲜明的个性、娱乐化、时尚化的姿态、有趣的话题吸引关注。这就够了。有时，来点负面新闻，也不算坏事，反而能够增加关注度。

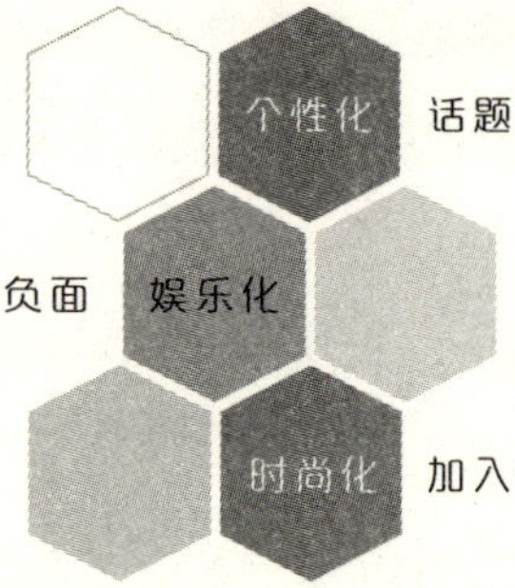

当然，在全球扩张进程中，Uber也逐渐意识到了早期的那些激进态度（包括创始人兼CEO卡拉尼克的“口无遮拦”）给企业形象带来的不良影响。2015年5月，Uber挖来了谷歌沟通和公共政策负责人瑞秋·维特斯通，帮助Uber“软化”并改善企业形象。

而2014年加盟Uber，负责公共政策和公关主管的奥巴马前顾问大卫·普罗菲，在维特斯通加入Uber后，将出任董事，并投入更多精力处理战略项目和外部事务。

Uber努力改善企业形象的目的很直接：为了尽量与地方监管者进行谈判，以最小的代价实现合法运营。

卡拉尼克也意识到，在早期的发展中，Uber尚且能够通过激烈的对抗方式为自己争取话语权和生存空间，但随着Uber全球版图的基本确立，过激的方式已经越来越不适用于企业的进一步发展。

一方面，过激的方式成本太高，负面影响太大；另一方面，已经成为巨头的Uber，完全可以从容一些，留出余裕去发展自身，而不需要再像当初弱小的时候那样，为了从传统行业、政府部门的“围攻”中争得一席之地而不顾形象；再加上全球环境已经与往日不同，打车软件不再是完全陌生的事物，人们早已对此有了相当程度的适应和了解，Uber也就不再需要通过“大声说话”来普及新事物。因此，进入2014年，Uber开始全面改变自己的公关策略，从早期的野蛮逐渐进化为后来的“文明”言行。

比起自己发声要求支持，Uber 学会了借助于别人的言论来转化舆论。在纽约市，和保守势力进行"争斗"时，Uber 借势于名人，打了一场漂亮的舆论仗。当时，好莱坞著名演员尼尔·帕特里克·哈里斯发 Twitter 支持 Uber："@BilldeBlasio（注：纽约市市长）每周有两万五的纽约市民成为 @Uber_NYC 的用户，限制了 Uber 之后你还能满足这个需求么？"Twitter 中直接针对纽约市长发出质问，在社交平台上引起很大反响。

名模凯特·阿普顿、CNBC（美国全国广播公司财经频道）的阿曼达·德鲁里也纷纷加入 Uber 保卫战：

"@BilldeBlasio，你为何想回到当初那些只有在市中心和曼哈顿下城才能打到车的日子？"

"@BilldeBlasio，曼哈顿之外的纽约交通，25% 靠 Uber，6% 靠出租。难道你只在乎曼哈顿么？"

除此之外，还有很多少儿节目专家、休闲游戏代言人等也都在 Twitter 上支持 Uber。

借助于明星、名人的影响力，直接导致 Uber 在和纽约市长的"博弈"中获得了第一步胜利。

Uber 最初是在美国获得初步成功，才开始进军海外市场的。时至今日，Uber 在美国的多数城市都已经实现收支平衡或盈利，同时，在美洲范围内，包括在加拿大、墨西哥的相当一部分城市都赢得了合法地位。这就不仅是靠公关、靠左右舆论能够做到的事了。

在 Uber 的公关策略中，很重要的一部分是政治游说。

原本 Uber 遇到的阻碍，就有很大一部分来自政府，甚至美国总统参选人希拉里都在她宣称的经济政策纲领中提到了 Uber，并且言辞中多有"指责"。她认为，Uber 的商业模式创新打破了固有的行业规则，尽管 Uber 自己宣称它的发展将带来巨大的就业机会，但与此同时，大量的低收入人群也将因为新的经济模式，导致收入再次被分配，甚至被迫失业。这种结果，不仅是希拉里，也是美国相当一部分政客想要极力避免的。

正因为如此，Uber 才需要在政局中寻找自己的支持者，Uber 邀请大卫·普罗菲加盟的主要原因，就是希望他能够发挥长处，负责游说政府颁行有利于 Uber 运营的政策或法规。

类似 Uber 这样的商业模式，在美国法律条文中被称为"破化式经济"。也就是说，暂时还不合法，所以才需要政治游说等手段来影响法律的修改和重新制定。

在美国，政治游说在商界算得上一种常规手段。据统计，仅在2012年，整个华盛顿用于游说的花费超过33亿美元，其中四分之三都是像通用电气、谷歌这样的大企业贡献的。再如，美国在2003年通过的医疗保障法案，也是政治游说的结果，当时，美国某著名医药公司在国会竞选期间投入了3亿多美元的资助，在华盛顿雇用了6000名说客，法案通过后，医药公司能够从这项法案中受益1390亿美元。

Uber 同样从政治游说中获益巨大。经过政治上的一些动作，从2013年到2015年，Uber 在美国获得了长足发展，从28个城市扩张到了138个城市。或许是因为第一次创业就吃了官司，卡拉尼克在处理所谓的"破化式经济"时很有一套，他组建政治游说团队，带领 Uber 经历各种官司和监管机构的挑战，虽然谈不上无往不胜，但是为 Uber 的发展带来了很大的突破口。

据统计，单是在美国，Uber 雇请的游说人员就多达161人。仅在萨克拉门托（加州首府）这个城市，Uber 在短短五个月时间里就花了47.5万美元用于游说。花出去的钱，一旦收到成效，日后都将化为 Uber 巨大的经济收益。美国科罗拉多州州长约翰·希肯卢伯就是 Uber 游说的成果之一，他曾经公开表示："我们欢迎创新的技术。科罗拉多正在引领新的创新交通方式，比如Uber，这将是新的变革。"

在其他国家和地区，复制在美国的这一政治游说的方法可能不太现实，但Uber在全球各大区域都设置了公共政策和公关主管这一职位，用于和当地政府进行沟通协调。

卡拉尼克说过："我们的根本出发点是技术革新，通过写代码改变交通方式，而不是政治，我希望让美国人、全世界的人了解我们的使命和创造的价值。"但不可否认的是，在争取合法性、促成法律法规改变这一方面，政治游说的确是见效最快的方法。

没争议就造争议
没什么比默默无闻更可怕

Andreessen Horowitz 和 Paypal 联合创始人彼得·泰尔说过："Uber 可以说是目前硅谷最受质疑的企业，无人能出其右。"

质疑的来源很多，随便就能举出很多例子。

比如，不少人提出，Uber 不受监管，这是一个很严重的问题。想一想为什么出租车行业要受到严格监管？因为这是一个特殊的行业：从公共交通的角度来看，乘客的安全需要得到保障，在传统出租车行业，由于运营受到监管，相对来说，乘客对安全问题比较放心，但 Uber 作为一个负责"连接"的互联网平台，并不对"连接"的双方负责，因此安全事故频发；而司机这一方，则牵涉到由谁来支付购车成本、燃料成本、维护成本，以及耗损折算成本的问题。一辆车能够开多少年？损耗如何？在出租车行业，负担这一成本的是出租车公司，当然，司机也因此必须缴纳高昂的"份子钱"，而在 Uber 平台，一切都由司机自己承担。早期，Uber 尚且能够提供高额的补贴，让司机扣除成本，仍然能比出租车司机赚得更多，但补贴一旦消失呢？未来的汽车成本由谁埋单？

再如，有人质疑，一个城市的 Uber 车辆少则数万，多则数十万，虽说 Uber 自称能够减少道路上的车辆，但短期内，恐怕会加重交通拥堵。

还有人担心，Uber 未来如果取代传统出租车行业，对司机而言，只不过是将"份子钱"换成了支付给 Uber 平台的佣金；对乘客而言，也只不过是一个垄断巨头取代另一个垄断巨头而已，未来 Uber 的车费一旦上调，也不再实行优惠或补贴，打车费用一样会很昂贵。

再加上 Uber 目前仍处于巨大的亏损中，尚未实现整体赢利，很多人认为数百亿的估值水分太多。

当然，还有一种更广泛的质疑，是由 Uber 自身产品和诸多言行带来的争议。比如，Uber 在 2015 年 11 月的巴黎恐怖袭击事件中，就因为没有像 Facebook 和 Twitter 等大型互联网企业那样及时为在恐怖袭击中受难的市民提供帮助而饱受非议。

这些质疑，严格说来，都有应对的说法。对于"Uber 会加重交通拥堵"这一条，早有数据证明，这是无稽之谈。据纽约出租车与轿车委员会的数据显示，在曼哈顿，Uber 的接单增加数量和出租车的客单减少数量基本保持 1 ：1 的比例，也就是说，Uber 每多接一单，出租车就少接一单，打车的用户并没有增加，只是从出租车转向了 Uber 而已；再说，Uber 多接一单，也就意味着路上的私家车少开出来一辆，再加上 Uber 的车辆向来保持着高效率的接单，很少空驶，所以，从整体上来看，Uber 的发展并未对曼哈顿的交通拥堵状况产生明显影响。

和传统出租车行业不同，Uber 未来即使取代了这个行业，也不会变成新的垄断巨头，依仗自己的地位向用户和司机收取高额费用。因为它本质上是互联网科技的产物，天生就是为了利用资源、提升效率、创造价值。未来，Uber 仍然会保持高效率的运营，持续降低成本，为用户更便捷的生活而努力，因此，可以预见的是，Uber 发展至成熟阶段，只会减少路上行驶的车辆，缓解交通拥堵，而不会造成负面影响。

当然，即使什么也不说，未来 Uber 的发展自会"消灭"质疑。但是，在 Uber 看来，受到"质疑"并不是一件坏事。

人们常常被 Uber 受到的争议吸引了太多注意力，支持者为其打抱不平，反对者认为 Uber 活该，双方都忽略了一个事实：一直以来，Uber 都是在巨大的"争议"中获益。

Uber 从成立初始就面临巨大争议，争议从未停止，Uber 的发展也从未停止。在来自传统行业、政府部门、司机群体，甚至用户群体等各方舆论的打击中，Uber 似乎有一种天生的"化阻碍为动力"的能力. 从旧金山市给出第一纸禁令起，Uber 就开始了它独特的"争议营销"之道。

当时的卡拉尼克就已经抓住了"重点"：对于一款互联网产品来说，有争议是好事。Uber 正是从有争议开始，才踏上了高速增长的进程。同时，他还抓住了另一个"重点"，那就是：拉拢用户。卡拉尼克和 Uber 经常向各种反对势力宣战，但无论如何，他们都能找到会引发用户支持或同情的那个点，然后再选择合适的策略"开战"，看起来与世界为敌的 Uber，实际上很擅长分清敌友。

前面提到过，Uber 在纽约的发展过程很奇妙，因为 Uber 进驻纽约时，市长彭博是站在支持的一方，正和传统势力争得不可开交，Uber 遵纪守法，在"夹缝"中小心翼翼地获得了生存机会。但更奇妙的事情还在后头。

彭博卸任后，白思豪担任市长，和彭博不同，这位新市长并不站在 Uber 这一边。他认为，Uber 发展太快，司机的数量每周都增长 1%，这毫无疑问会加剧曼哈顿的交通拥堵，政府必须出台限定 Uber 扩张的法案，限定未来一年 Uber 最多扩张 1%，这样才能腾出时间先对 Uber 造成的影响进行研究。

在白思豪任职期间，纽约市提出了"限制 Uber 发展"法案，Uber 进行反击，称白思豪市长之所以偏向传统出租车行业，是因为这一行业对他的政治生涯有很大帮助。同时 Uber 还表示，一旦这个法案出台，将使纽约市失去 1 万个就业机会，也将使得乘客更难打到车，或者等待更长时间。

经过几方势力一轮又一轮"博弈"，在 2015 年 7 月，白思豪终于同意推迟对这一法案的投票，并表示将启动新计划，研究 Uber 对纽约交通的影响。随即，Uber 与纽约市达成了双方协定：一方面，白思豪同意暂时搁置法案；另一方面，Uber 则同意向纽约市披露相关数据，以供市政府进行交通方面的研究。

Uber 纽约总经理约什·莫尔在一份声明中称："很高兴能够达成这项协议，对于所有纽约人来说，这是一个好消息。"

虽然只是暂时搁置，但这对 Uber 来说，仍是一大胜利。

Uber 是如何取得胜利的呢？很大程度上是因为 Uber 对"争议"的利用：

首先是态度问题，争议来了不胆怯，反倒迎头而上。

其次是方法问题，没有哪种是完美的，因此在舆论战中，应该十八般武艺轮番上阵。Uber 使出的第一招是直接反击：Uber 找到《纽约时报》作为自己的反击平台，在报纸上登了一个 banner，说市长的计划是一个"bad idea"。

然后，Uber 制作了一段名叫《白思豪市长的提案将导致纽约市失去 1 万个就业机会》的 1 分钟视频，让 Uber 司机在视频中相当直白地为 Uber 说话："自从有了 Uber，我挣钱多了，陪家人的时间多了，Uber 简直是我这辈子最美好的遇见，如果 Uber 能够持续扩张，就会有更多的人拥有工作。"

紧接着，Uber 制作了海报，直指议会议员 Rodriguez："我们本地的 Uber 团体正在壮大。这说明 Uber 正在为纽约市民创造更多的工作机会和收入。但 Ydanis Rodriguez 正在试图毁掉我们的小生意，也正在毁掉成千上万纽约人的工作机会！"

Uber 的第一个招数是转换角度，从用户需求角度出发，批评政府的做法不合民心。这一次，Uber 做了一版 30 秒的视频，内容是：在曼哈顿，经常有市民需要送孩子去曼哈顿以外的医院，也可能要去机场，但是出租车司机经常拒载这些乘客，而有了 Uber，就不会再发生这样的现象。

同时，Uber 还制作了海报，措辞非常激烈，明显针对议会议员 Rodriguez：用 Uber 的人越来越多，为纽约的很多人创造了更多的就业机会，也提升了收入。但某人试图要把我们的小生意给掐死，上万的工作机会眼看就要消失。

还有第三个招数，重现争议或者争议的结果，让用户自己去判断孰是孰非。Uber 在纽约的产品内部设置了一个名为"白思豪的 Uber"的功能。用户选择这一功能只有两种结果，一是没有车，二是等 25 分钟。很明显，Uber 试图用这种形象的方式来告诉用户，如果白思豪促使"限制 Uber"的法案通过，纽约市民的生活就可能会变成这样。

越是有争议，Uber 越能抓住争议的关键点来做文章。之所以 Uber 每次在争议之中都能赢得支持，根源是争斗双方代表的利益不同，一方是只想维护既得利益的政客（至少看起来是这样），另一方则是为了让用户得到更好的出行服务，哪一方更得人心，很明显。

从一个默默无闻的打车软件成长为全球瞩目的创业巨头，在这个过程中，可以说是"争议"帮了 Uber 的忙。在 2015 年 11 月举办的 At Sea 峰会上，卡拉尼克向在场的人说起 Uber 早期的一个有趣故事：

在 Uber 的规则中有一条，接送客人时，车内不允许有第二个乘客。一位 Uber 司机开着自家的车去接单，出于一些原因需要载上妻子，为了不违背 Uber 的规定，他让妻子躲在后备厢中，刚开始妻子不愿意，但最后被他说服了。结果接客人的时候，他没想到乘客会有行李，妻子躲在后备厢里的事就这样暴露了。

这个故事让在场的人发出了笑声。而卡拉尼克并非通过 Uber 内部的消息了解到这个故事的，他也是从媒体上看到的。

连这样的小趣闻都进行报道，由此可见媒体对 Uber 的关注度。

正是因为争议不断，Uber 才不需要把钱花在广告宣传上。因为它的一举一动都是话题，都会引发讨论和关注：第一次使用 Uber 的"惊喜"，使用 Uber 时的奇遇，对 Uber 各种规定的不满，Uber 被禁，CEO 口出狂言，巨额融资，天价估值，名人力捧或唱衰，用户抗议，司机罢工，员工大批离职，在某国遭到全面封杀，Uber 遭黑……每一件事都能够产生争议，不回避争议，并且利用这些争议做文章，就能够从中获得巨大的舆论之利。

成为巨头后
就别再想着作点"小恶"

2014 年 9 月 10 日，TechCrunch Disrupt 大会在旧金山举行，历来以犀利言论闻名的硅谷亿万富翁、Andreessen Horowitz 和 Paypal 联合创始人彼得·泰尔在会上引述了谷歌的一句名言"不作恶"（Don't be evil）来评说 Uber："如果说谷歌的座右铭是'不作恶'的话，那么 Uber 的企业标语就应该是'作一点小恶，然后不要被发现'。"

而 Uber 创始人兼 CEO 卡兰尼克则在发言中说："当人们开始将你视作'业内巨头'的时候，你就无法继续想当然地开展业务了。"

卡兰尼克所说的"想当然地开展业务"，和泰尔说的"作一点小恶"，意思其实是一样的，都是指 Uber 至今为止采取的那些让自身陷入无休止的质疑和争议的激进策略。

在美国，尤其是在硅谷，很多企业都喜欢给自己的办公室或会议室起一些好玩的、稀奇古怪的名字，这些名字通常都能够体现出相应的企业文化或风格。

Airbab	星巴克	Facebook
命名：米兰、雷克雅未克、巴厘岛	星巴克支持中心	星球大战人物鸡尾酒、达斯-野格酒店
与业务挂钩	强调温情	投票决定

　　而 Uber 在旧金山市场街总部的会议室则被命名为"作战室"(war room)，与其"凶猛（aggressive）"的公司文化可谓一脉相承。

　　无视政府禁令，继续运营，教司机避开监管，组织用户请愿抗争，这几乎是 Uber 在每一座城市扩张时都会复制的过程。卡兰尼克曾说自己是解放司机和乘客的最佳人选，从结果来看的确如此，至少在各国政府对公共交通变革的政策和态度并不明朗之前，Uber 已经大刀阔斧地为"汽车共享"圈了一大块地。

　　在海量产品运营和服务领域，有一个思维方法叫"先扛住，再优化"，意思是遇到问题的时候，不要试图一口气全部解决，先解决核心问题，剩下的问题一边前行一边优化。好比在一个隧道里穿行，中途遇到阻碍，不需要费时费力将阻碍全部清除，只要挖出一个足够自己通过的洞就行了。

　　这种"快速前行"的思维，在互联网时代尤其重要，如果一个创意点子憋很长时间才发布，等到想要变现时很可能商业环境、用户需求都转变了；如果一个产品花很长时间去做更新迭代，那么在迭代之前很可能就被竞争对手干掉了。

　　试想，Uber 若是试图将前行途中的阻碍全部搞定再走下一步，或者说，假如 Uber 试图用规矩的手段解决前行过程中遭遇的一切问题，那它就不可能实现今天的规模。对于创新的互联网打车行业而言，阻碍永远会有，而且源源不断，有的阻碍（比如 Uber 所遇到的政策法规、监管等问题）短时间内很难被征服改变，没有一边对抗一边前行的底气，那就什么都做不了。讲规矩？如果在打车软件都不完全合法的情况讲规矩，那还怎么发展？

当然，就 Uber 而言，它有点过于"凶猛"了，以至于在全球范围内到处树敌。2015 年中国广州查封 Uber 事件发生之后，Uber 立刻推出了"城市英雄"营销方案。很显然，面对政府部门的阻挠，Uber 将自己和司机们定义成了反抗传统的"英雄"，方案呼吁车主变身"城市英雄"，提供 30 分钟免费搭乘服务，同时，Uber 宣布降价促销，并以"检查"二字作为促销代码。

这些举动充满和"查封"行动故意对抗的意味。但这种高调"树敌"行为也为 Uber 带来不少好处，有"敌人"，就一定会吸引"同伴"，庞大的用户群就是 Uber 最忠实的"同伴"。

每到一座城市，Uber 都是在政府监管部门的眼皮底下边"扛住"压力边卖力扩张的。事实上，大多数时候，尽管阻碍一点也没变少，但 Uber 都毫无例外地取得了阶段性的胜利。目前 Uber 在欧洲市场遭到了相当大的抵制，在很多欧洲国家都不得不黯然"退场"，但 Uber 在亚洲、美洲、非洲，甚至中东市场的扩张步伐却一点都没耽误。

Uber 的"凶猛"还体现在对待竞争对手的手段上。2012 年初，当 Uber 把业务扩大到 6 个城市的时候，它在美国市场的主要竞争对手 Sidecar 和 Lyft 开始进入市场，和 Uber 争抢地盘。据 Lyft 总裁约翰·齐默称，公司在运营的第一年，促成的拼车数量就达到 100 万单，接下来三个月，又增加了 100 万单。如今，Lyft 标志性的粉色大胡须已经出现在数十个美国城市的街头。

卡兰尼克认为 Lyft 和 Sidecar 的加入是一个转折点。为了打压竞争对手，Uber 试图挖对手的墙脚，比如派销售代表坐上竞争对手司机的车，用现金奖励和免费加油卡诱惑司机。它派了大量的员工坐 Lyft 的专车，鼓动司机跳槽，预约 Lyft 专车然后爽约。纽约的 Uber 员工也通过"大规模订车—取消订单"之类的手段恶意扰乱竞争对手 Gett 的系统。尽管 Uber 很快就这一做法做出道歉，但这并不代表他们对此真的有所反省。据说，Gett 公司的很多司机都收到过 Uber 的短信，开价 1250 美元怂恿司机倒戈，或者告诉司机去 Uber 的办公室听个讲座就能获得 50 美元。结果，在 Uber 的攻势下，真的有不少人拿钱跳槽。

2014 年 5 月，Uber 公司数据库曾遭到未授权第三方的入侵，导致约 5 万名司机的信息泄露，而 Uber 团队直到事故发生四个月后才察觉，然后又拖了五个月才向外公布。而且经过调查后发现，Uber 解锁数据库的安全密钥被存储在 Github 的一个可以公开访问的页面上，外媒称这是 "In major goof"（超级傻瓜）的失误。

但是，到了 2015 年 10 月，Uber 又称，经过调查，怀疑数据泄露的幕后黑手是竞争对手 Lyft。Uber 在法庭文件中表示，一名未经证实的黑客使用一个康卡斯特的 IP 地址，通过获得安全密钥进行了这次攻击。消息人士称，该 IP 地址分配给了 Lyft 首席技术官克里斯·兰伯特。——从自身安全管理的失误导向对手的不当竞争，Uber 可谓"煞费苦心"。

硅谷知名女记者、Pando 创始人莎拉·兰茜曾经写文章抨击 Uber 在法国里昂等城市的营销策略。当时，Uber 在这些城市自称是"约炮新工具"，在早期宣传中起用一批丰乳肥臀的模特，并向用户传递"只要用 Uber 打车就能'打到'她们，让她们陪你一天"的具有蛊惑性的信息。文章发表后，Uber 的副总埃米尔·米迦勒在内部会议上宣称要花 100 万美元挖黑材料搞垮她。这番言论传播出来之后，舆论哗然，卡兰尼克不得不连发 13 条 Twitter 道歉。

Uber 的"凶猛"文化，在早期曾导致大量员工离职，纽约创始团队就曾经发生过大规模离职事件，纽约前总经理甚至公开抨击 Uber 为了实现公司愿景、推广产品而不顾规则。

Uber 在产品方面不遗余力，为了实现最佳产品体验而部署了一个庞大复杂的后台系统，精确而高效，但在其他方面，却显得粗糙而激进，就像一个横冲直撞的强盗。

作为商业史上增速最快的创业企业，Uber 的商业模式、产品模式、运营手段等吸引了无数人的目光，也引来创业者的争相模仿，但实际上，Uber 的很多模式、手段都是不可复制的，就像它的创始人卡兰尼克不可复制一样。

卡兰尼克的 Twitter 头像曾经是作家兼哲学家安·兰德的著作《泉源》的封面，作为 20 世纪美国思想界最有影响力的女性，她的核心观点是：自私自利是最道德的行为，而这本书讲的则是一位个人主义天才反抗世俗的故事。由此可见卡兰尼克心仪的价值取向，以及他对自己和 Uber 的定位："凶猛"战斗，是为了反抗和创造。

激进的"作一点小恶"的策略成就了 Uber 惊人的发展，但自从成为"业内巨头"之后，卡兰尼克开始刻意将"好斗"的本性收敛许多。

显而易见的一个改变是：过去，卡兰尼克面对来自司机群体的抗议时，曾经非常高调地表示，未来实现无人驾驶，Uber 就不需要司机了。而如今，在 2015 年 11 月举行的 At Sea 峰会上，卡兰尼克改了口，他这样说道："司机们就这样在城市里工作，除了开车他们没有一技术之长，那么是否有一种积极乐观的方法能带领大家'过渡'呢？实际上，Uber 已经想到了很多方法，比如职业培训、教育和过渡期。同时，在过渡真正开始发生之前，Uber 会一直将这些方法在各地坚持进行下去。"

一年之中有好几个月都在中国逗留的卡兰尼克，如今在接受中国媒体采访时，态度和措辞也比以前更谦逊更温和。他说他自己"每到一个城市，都会和市长说，我们会给城市带来几万个就业岗位，减少交通拥堵、污染、酒后驾驶行为等"。但这并不意味着 Uber"弃恶从善"，"邪恶帝国"和"改变无数人生活方式的伟大产品",本来就是 Uber 的一体两面。

卡兰尼克在不同的场合反复强调,"我们这一业务的本质是极具颠覆性的,而且大多数消费者已经开始接受这一模式","外界针对 Uber 所提出的诸多质疑都是由于误解所致","媒体对于 Uber 的不友好主要是因为他们不了解我的过去"……他甚至在谈及自己 2001 年的创业故事时,不惜用"叙述苦难史"和"哭穷"的方式大打"同情牌"。

看起来,他正在试图将 Uber 打造成《大卫与哥利亚》(*David and Goliath*)一书中年轻牧羊人的角色,将传统出租车行业塑造成强大的反派哥利亚。

实际上,这一策略相当有效。当 Uber 和卡兰尼克开始表现出一个业内巨头该有的器量和姿态时,意味着它已经逐渐完成了某种蜕变:从野蛮生长期进入了文明的成长期。这让它的未来变得更令人期待。

7
PART

迂 回

效率是最底层的战略

Uber 之所以在全球遭遇封杀的境遇下仍然不受影响，继续壮大，和它逐渐改变的公关、运营策略有关。

为了让 Uber 得到合法的或者仅仅只是暂时的生存空间，Uber 各地的城市团队可谓煞费苦心，就连卡兰尼克自己也曾自嘲："作为一个工程师出身的人，我很难想象自己现在居然变成交通法的专家，也许我对这方面的了解超过全世界任何一个人。"

在中国台湾，Uber 屡屡收到"交通部"罚单，理由是 Uber 属于运输业，却注册了信息产业，于是 Uber 向"交通部"委婉地提出建议，要求在现有甲、乙、丙三种运输业外，新增丁种运输业，让 Uber 成为"交通部"认同的合法运输业。结果可想而知。"交通部"回应称，Uber 的要求是丁种运输业不必缴税，理由是 Uber 司机只是兼职，不是常态经营，指责 Uber 只是替违规找借口，对其要求予以否决。

在印度，Uber 因为发生"司机性侵女乘客"的丑闻而遭到政府封杀。Uber 于是在印度的 APP 里安装了一个 SOS 按钮，乘客需要紧急求助时，只需按下按钮，系统就会将乘客的位置信息和相关细节发送给最近的人。

在德国，法院裁定 Uber 司机在德国"无照运营"违法，对 Uber 下达禁令并开出罚单，Uber 于是表示将在德国推出一项合法经营的新型打车服务，并为司机支付持有商业乘客运输执照所需的费用。

总之，Uber 开始收敛了激进的态度，进入了"迂回作战期"。但 Uber 屹立不倒最根本的原因并不在于这些改变和努力，而是它自身强有力的竞争优势。Uber 的竞争力，一方面来源于它创新的商业模式，另一方面则来源于它创立至今对自身底层战略始终如一的坚持和实践。这个底层战略，用两个字概括就是：效率。

再没有一个产品如 Uber 这样，对效率的坚持几乎到了疯狂的地步。

2015 年 3 月中下旬，Uber 在中国市场宣布降价 30%。这次降价后，Uber 在同类软件中实现了最低定价。用户打车的费用比平时少，还有免费的代金券可用；司机则能够得到降下的价格作为补贴，同时免交 20% 的平台佣金。总的来说，通过这次降价，司机和乘客都能够从中受益。

降价 + 补贴优惠是为了吸引更多司机和乘客加入，进一步提高车辆密集度，提高车辆使用效率。先有车还是先有乘客，面对这个"鸡生蛋、蛋生鸡"的问题，Uber 的办法是双管齐下：既花心思吸引司机，也想法子吸引用户。

在 Uber 以"效率"为核心的战略中，这样的早期布局是很常用的一种方式。其深层的原因在于，必须达到一定的用户基数和密集度，Uber 产品的"效率"法则才能发挥最大效用。

试想一下，在车不够多、用户也不够多的情况下，打开 Uber 软件，地图上只零星地显示着几辆车，叫一辆最近的车，要等上十几分钟，对于司机来说，开车出去，大量的时间都消耗在等待上，只能靠运气等活干，这样的产品有什么魅力可言？

"效率"的第一步是有足够多的车和乘客，Uber 产品的特性决定了它必须有更多人使用，有更多的数据，才能实现更精准、效率更高的调配，从而增加用户体验度和用户黏性，所以 Uber 运营的一大要点就是为了尽快提高效率而使用各种手段增加用户：

在各种手段中，"烧钱"补贴可以说是最简单也最有效的方法，据说卡兰尼克曾说过要"用10亿美元撬动中国市场"，无论如何，疯狂"烧钱"的确已经成为Uber在各地运营必不可少的一个环节。当用户发现平时打车需要花费数十元的里程，使用Uber只需要几块钱就能搞定，甚至还有额外的优惠券可拿时，Uber爆发式的增长力也就不难理解了。

等到有了足够多的车和乘客，Uber产品的最大竞争优势就能充分发挥出来了，即围绕"效率"这一底层战略打造出来的产品特性。Uber的产品设计理念和商业逻辑都是一致的，那就是"极致的、不可切割的效率至上主义"，最突出的特性有三个：

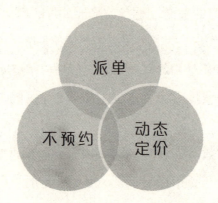

一是派单机制。无论是在中国市场，还是在美国或者其他国外市场，人们提及Uber时，总会将它与市场上的其他同类产品相提并论。比如在中国，Uber的最大竞争对手是本土软件滴滴快的。滴滴快的目前占据了绝对的市场份额，又有"本土化"带来的各种资源优势，但Uber的进驻还是引发了滴滴快的的危机感，微博、朋友圈等社交平台上常常流传着一些《为什么Uber的算法不适合中国》《Uber滴滴互殴，犹如当年QQ和MSN》之类的文章，据说其中不少都是滴滴快的的公关策划的，可见滴滴快的对Uber的忌惮。

Uber对中国市场十分重视，CEO卡兰尼克在公开场合数次表示，中国是 Uber 全球最优先要拿下的市场。实际上，Uber 在中国的确以惊人的速度增长着，日单量已过百万，覆盖超过 20 个城市，近来 Uber 更是宣布已占据中国 35% 的市场份额。

但滴滴快的真正忌惮的并非 Uber 的增速，不管是哪家企业，只要有足够的资金，都能够通过"烧钱"获得暂时的市场体量，Uber 的"可怕之处"并不在于它资金雄厚，而在于它的产品在"效率"方面实现的战略布局。

《为什么 Uber 的算法不适合中国》一文攻击了 Uber 的派单效率：用户的订单直接指派给某个司机，如果司机不想接单，20 秒后单子会给另一个司机，这样算下来，派单的效率太低。而滴滴快的是采取抢单法，订单同时下发给多名司机，司机可以抢单也可以拒单，文章认为，"多个司机同时拒单的概率远低于一个司机拒单的概率"，由此文章得出结论：Uber 的效率不如滴滴快的。

这一攻击并不严谨，也并不高明，实际上，Uber 最为人称道的产品特征就是它的"派单机制"。

用户使用 Uber 软件下单之后，司机无须接单，而是由系统自动派遣离用户最近的司机去接单，这就是 Uber 的派单机制。这个机制之所以被人称道，是因为它"消灭"了任何自主选择，彻底贯彻了"效率优先"的原则。

用惯了其他软件再用 Uber 的人会有些不习惯，都不知道怎么叫的车，司机确认的电话就来了。原因很简单，这一切都是放在后台操作的，用户无须选择，司机也无须选择。

相比较来说，在抢单机制中，系统接到订单，会将订单分发给离用户最近的一批司机，然后由司机来选择是否接单，乘客也可以根据自己的喜好来选择，可以看出来，这个机制是想兼顾效率和体验，让乘客和司机在最近的供需范围内同时做出"最优选择"。

仅从效率层面来比较两种机制，很容易就能分出高下。Uber 的派单制，就像一个中心化的大脑，在一个信息完全透明、对称的环境里，居高临下指挥全局，这样当然能够做到全局的效率最优化。

至于司机拒单的可能性，Uber 当然考虑到了，而且依照一贯的方式，通过技术手段和产品设计来解决问题：比如系统规定司机接单率必须超过 80%，否则就取消补贴和奖励。拒单过多也会严重影响评分，甚至导致被封号，这是利用惩罚手段规避拒单的概率。

另外，Uber 的派单是根据当时是否能够提供服务，以及司机的过往评价来决定推荐顺位的，从概率上来说，优秀的司机拒单的概率自然小于其他司机，可以说是系统利用精准的匹配算法实现了最佳匹配度，这样就能够从源头上有效降低用户被拒单的概率。

第二个产品特点是不设预约。通常情况下，用户需要提前预约是为了确保自己在重要的时刻有车可用，不误事。但为了贯彻"效率最优"原则，Uber 不设预约，因为预约会让效率变低。

假设一个司机，他接到了预约，那么他就必须在预约的时间将车开到指定地点，在这段时间内，司机很可能只能空驶，即使用户愿意付出高额车费弥补这一成本，也不符合 Uber 提升资源利用效率的初衷。

但用户肯定是有预约需求的，如何满足这一需求？Uber 还是用它的老办法：确保效率，让任何人在任何时间、任何地点都可以 5 分钟之内叫到一辆车。这样一来，即使不提前预约，也不至于无车可用。

Uber 并非在任何时候都比出租车或同类产品更便宜，但它的目的并不在于赚取高于平均水平的交易佣金，而在于运用价格杠杆提升效率，这就涉及 Uber 第三个独特的产品特性：动态定价。

Uber 的动态定价是一个饱受用户诟病的产品规则，用户的抱怨主要集中在"涨价"这一端，在需要用车的高峰期，打开 Uber，发现涨价了，必须花比平时多的车费才能叫到车，这种体验任谁都不会感到愉快。但 Uber 的大多数用户仍然"容忍"了这一规则，继续使用 Uber 软件，原因何在？

因为用户在同一时间段使用其他打车软件，很可能都叫不到车，而使用 Uber，虽然贵了点，总算还是有车可打。正如 Uber 亚洲运营总监艾伦·佩恩所说："任何市场都存在认可'时间就是金钱'的用户，他们愿意为更好的服务付钱。Uber 往往可以提供更好的服务，就像总有人为星巴克和 Mac 埋单。"

Uber 动态式"涨价"的目的是：用价格杠杆调节供需，提高效率。车费上涨的前提是车少人多，供需不平衡，一旦系统提价，司机发现有更多的钱可赚，就会被吸引过来，同时对用户而言，只要没有急事，多数人的选择都是暂时不叫车，或者等一会儿再叫，这样车少人多的状况就会得到缓解，供需平衡，价格就降下来了，而这个时候，更多的人因为降价选择打车，被高价吸引过来的司机即使赚不到高价车费，接单效率的提升也能使他们在单位时间内赚到更多的钱。

对于一个互联网"连接"平台而言，如何平衡"连接"两端用户的重要程度，是很关键的问题。Uber 经常被指责没有人情味儿，把司机当工具使用，看起来它是更注重乘客这一端的体验，但实际上，从产品层面讲，"效率至上"的 Uber 对司机和乘客的态度都是一样的，它相信技术、算法、数据，关注全局，完全依靠经济学杠杆调节供需，而不考虑个人。

Uber 的动态定价即典型的"无情"规则，它完全以提高效率为目的，使司机和乘客成为价格"博弈"的两方，永远处于动态的变化和持续不均衡的状态之中，最终实现效率更高、价格更低、收益更多的目标。

Uber 的每一步动作，几乎都是围绕"效率"这一核心目标展开。比如，近来 Uber 更新了新的调度系统，和老的系统区别在于：后者只针对当前的供应量进行计算，而前者则搭配了更先进的应用技术，能够考虑全局指数。在新系统下，Uber 会基于乘客的位置和更短的 ETA（到达乘客的时间）进行计算推荐。候选项除了空车，还有那些已经接单正在驶向目的地但可以顺路搭载的车。这样就能进一步减少用户等待时间，使得运能更有效率。

"数据"思维：
不问原因，只看结果

　　除了最根本的商业模式和底层战略，Uber 还有一个很大的竞争优势——大数据。

　　如今，Uber 即将成为继 Google、Facebook 之后的又一个"数据帝国"，不知多少人对此垂涎、虎视眈眈。

　　在互联网时代，大数据是能够产生巨大价值的存在。与此前的传统时代单纯的统计数据不同，互联网的数据是一种即时的"大数据"。所以，它的价值不在于这些数据是哪些、是什么内容，而在于它足够庞大，有足够的样本进行大数据分析和运用。作为一个运营了六年，用户遍及全球 400 个城市的互联网产品，Uber 的大数据已经具备足够的商业价值。

　　Uber 的价值不仅在于数据的收集和积累，一款运营了数年、用户遍及全球的打车软件，一定通过互联网信息技术手段收集了海量数据，包括用户数据、汽车数据、交通路况数据、路线数据、运营数据等等，这是理所当然的结果，Uber 的过人之处还在于对这些数据的利用。

　　举例来说，Uber 是典型的"数据驱动型"的互联网公司：选择哪个城市进驻，进驻后如何开展运营推广，如何规划拓展策略，如何设置"游戏规则"，甚至如何定价，一切都依据数据来做决定，绝对没有"拍脑门"式的凭感觉做出的决策。

再比如，Uber 的地图界面，最多只会显示离用户最近的 8 辆空车，之所以不像其他打车 APP 一样，在界面上显示密密麻麻的车辆，一方面是为了保持页面简洁，一方面则是利用数据的精确度为用户提供更良好的体验。呈现密集的车辆覆盖度，容易给用户造成一种很容易叫到车而且车辆会很快抵达的错觉，一旦无法满足用户期待，就会损伤使用体验。

从本质上来讲，用户需要的仅仅是"一辆车"，而不是"许多车"，所以，当 Uber 能够通过精密的算法和后台数据，明确显示最近的一辆（或几辆）空车的到达时间、预估价格、车型选择，这就够了。

2014 年 12 月，Uber 与百度携手的消息，成为当时的"头条"新闻。从"大数据"角度考虑，Uber 的这一选择很好理解。在美国，Uber 接受了 Google 的投资，而在中国，Uber 找到的合作者是百度，两者的共同点之一是：在地图数据方面的优势。作为一款"数据驱动"的产品，寻找更优数据的重要性不言而喻。

对于 Uber 来说，要进驻中国市场，顺利实现"本地化"运营，与中国的几大 BAT 联手无疑是最好的选择，而 Uber 选中百度，一方面是限于现实情况（腾讯、阿里都已投资了其他打车软件），另一方面也是由于自身产品对特殊数据的需求所致。

打个比方，用户坐上一辆 Uber 汽车，在行驶途中可能遭遇堵车，司机客户端的地图导航如果能够提前预测（或得知）堵车情况，就能够事先做出提醒，避免浪费时间。而实现预测的前提是有足够的数据可供分析。当行驶在路上的大部分车都使用同一个地图，地图就能运用实时上传的大量数据，精确计算出每一段路的行进时速，帮助用户做出更准确的行车预测。这对 Uber 这样追求效率的打车产品来说是十分必要的。

大数据的精髓是不问原因，只看结果。比如，百度的地图数据显示：平时 5 分钟即可抵达的目的地，接下来需要 20 分钟才能抵达，它只会综合数据给出这一结果，而不会知晓原因。在大数据运用过程中，因果关系并不重要，重要的是数据能够呈现什么。

我们通常认为谷歌是一个搜索引擎、一家互联网巨头，但实际上谷歌是一家数据公司。每天来自全球的超过 30 亿次搜索指令，足够支撑谷歌完成各种各样的数据分析。比如，2009 年甲型 H1N1 流感病毒传播期间，谷歌公司的工程师们发表论文称，利用全球检索数据，以及相应的数学模型，他们和疾控中心一样准确地判断出了流感的传播来源，并且比疾控中心得出结论的时间提早了数周。

有趣的是，疾控中心的结论来源于各地医院上报的病例等相关数据，因而必然滞后于流感病毒的传播时间，而谷歌分析的不是类似于"咳嗽""发热""药物"等关键词检索的数据，而是建立了一个系统，测试特定检索词条使用频率与流感在时间和空间上的传播之间的联系，从而对未来做出预测。

通常来讲，搜索引擎的价值只发生在用户使用它的瞬间，用户输入关键词，搜索引擎呈现一个网站和广告组成的列表，完成它的工作，实现商业价值。但当这些关键词被保存下来，那么谷歌搜索可以做到的事情就变得无穷无尽。比如，它可以采集搜索流量来预测每年的时尚潮流，为银行提供实时经济指标，住房价格升降情况预测，为旅游部门提供业务预报服务等。

大数据的核心是预测，即把数学算法运用到海量数据上来预测事情发生的可能性。当系统搜集到的数据越来越多时，它们就可以自动搜索出最好的信号和模式，并且自己改善自己。谷歌搜索可以为关联网站进行排序，Facebook 可以预测用户的喜好，亚马逊知道用户想买什么书，LinkedIn 可以猜到用户认识谁，对用户而言，这是数据预测带来的体验提升，对企业而言，却是巨大的效益提升（提前预测用户需求给企业带来的益处不言而喻）。

Uber 重视运用数据的一大目的也是预测。如卡兰尼克所言："为了确保人们在全世界任何地方都可在 3 分钟内叫到车，我们必须提前预测需求，预测人们会在何时打开 APP。我们必须确保车辆供应，向需求和潜在需求所在地移动，通过动态供给图来配置车辆供应。"

原本，Uber 的价值只存在于从用户打开 APP 到关闭 APP 的过程，但是，一旦将所有数据都保留下来，就能够通过数据分析提前预测需求，提前将汽车调配至有需求的用户附近，甚至提前预测大量用户会集中在什么时间、什么地点打开 APP，从而通过相应的调配，大大降低空驶率，用更少的车（意味着更少的司机、单个司机平均拥有更高收入）满足更多的需求（意味着更多的用户量、更多的使用数据，以及更高的平台收益）。这一切都是对数据的再利用的结果。

随着大数据的出现，数据的总和往往比部分更有价值。将多个数据集的总和重组在一起，也比单个的总和更有价值。举例来讲，在基于位置的大数据上添加房地产的相关数据，再添加 Uber 汽车数据，就能够做到使用 Uber 汽车去看房（包括实时查询房产相关信息，实时选择房产价格、地段等）这样便利的事。事实上，Uber 的确已经在许多城市开展类似的业务。

最初，Uber 利用并分析收集的数据，只是为了预测出行需求，以进一步提高自己的产品运营效率，但今天的 Uber，已经开始意识到了数据的可扩展性和其背后更大的价值，它已经在向 Google、Facebook 以及 Visa 这样的大数据公司靠拢：依靠它们掌握的有关用户的大量信息创造新的服务，并将这些数据卖给其他公司产生盈利。

想象一下，对于一个经常使用 Uber 的用户，Uber 能够通过叫车数据的收集知道些什么：

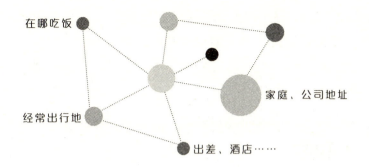

听起来好像全无隐私可言，但大数据对个人做了什么并不感兴趣，它感兴趣的是：当无数这样的数据汇集起来，会产生什么样的结果。Uber 能够通过这些数据得知：哪些时段用户需求最多，哪些地点最常打开 APP 叫车，并且能够根据数据得知一座城市最热门的人群聚集地在哪里，同时根据与机场、酒店、酒吧、餐厅、商场、住宅区等特定地点相关的出行信息，分析出用户正在做什么，以及预测他们即将做什么。

Uber 与喜达屋酒店的合作，就是一个很好的例子。这一合作允许用户将自己 Uber 账户与喜达屋优先顾客账户相关联，用户使用 Uber 时可以同时获得喜达屋的积分。当然，Uber 会将用户的全部出行信息透露给喜达屋。比如一位经常出差的 Uber 用户，Uber 能够通过使用数据掌握这位用户的出行信息，能够知晓用户在下飞机后是否前往喜达屋酒店，假如不是，喜达屋酒店就会立刻收到 Uber 的信息并做出反应，向用户推送报价、服务等信息。

Uber 运营的实质是：用户使用 Uber 从 A 点到达 B 点，A、B 这两个点都会产生相应的用户使用数据，也就表示两端的数据都有可能连接一个新的潜在客户。同样的道理，Uber 可以依据此类方法，与航空公司、餐厅、酒吧等建立相同的合作，为对方提供更精确、更实时的潜在目标客户信息，从而实现数据的扩展价值。

被黑无数次，
为什么仍然坚持"坐地起价"

2013 年 12 月，纽约暴风雪期间，Uber 车费涨价 8 倍，从这次涨价开始，Uber 的"动态定价"模式受到了外界的广泛关注，很多媒体称之为"坐地起价"，并对此大加抨击。

2014 年 12 月悉尼遭遇恐怖袭击期间，当人质被劫持在悉尼的一家咖啡馆时，Uber 抬高了此地的打车价格。用户在打算用 Uber 叫车逃离事发地区时，赫然看见起价变成 100 美元，每公里高达 9.59 美元。这是平常价格的 4 倍。他在手机上截了张图，发给美国科技新闻网站 Mashable，引起了舆论的广泛批评，人们纷纷指责 Uber 发灾难财。

2015 年 11 月，巴黎遭遇恐怖袭击期间，Uber 再次因启动"峰时定价"机制（surge pricing）而招致各界批评。在这次恐怖事件中，Facebook 和 Twitter 应对及时，广受好评，Twitter 发起"开门"话题，帮助许多市民找到避难所，Facebook 则激活了"safety check"，让市民第一时间确认亲人朋友的安全。与之形成鲜明对比的则是，在全球备受瞩目的创新型互联网企业 Uber，不仅没有及时为在恐怖袭击中受难的市民提供帮助，反而向他们收取比平时高好几倍的车费。尽管事后 Uber 官方消息称，在袭击事件发生半小时内，Uber 就主动关闭了"峰时定价"，但这并没有消除舆论对 Uber 的不满。

这几年，只要发生任何天灾人祸，Uber 的"动态定价"机制就会招致大量批评。实际上，在 Uber 的日常运营中也有很多用户对这一定价机制表示不满。网上流传着一个故事：有个女孩在自己生日派对结束后打车回家，一看账单给吓坏了，结果是众筹站 gofundme 上的网友纷纷解囊，帮她埋了单。

类似的故事很多，用户在社交网站上晒出高昂的账单，质问 Uber：这样打车和坐上停在路边的不打表一口价的出租车有什么区别？

Uber 的浮动定价并非一开始就有。是 Uber 波士顿的团队通过研究数据发现，每周五周六凌晨都会有大量人叫车，一般是刚刚从酒吧或是朋友聚会离开准备回家的年轻人，但这个时间段路上的车很少，因为司机早早就收工回家了。为了解决这个问题，Uber 才开发了动态定价系统，让叫车的价格随着需求供给匹配程度的变化而变化。在需求旺盛而供给不足时，提高车费，借此提升司机的积极性，让更多的车出现在街上保证供应。

Uber 并非像网友指责的那样故意"发灾难财"，它只是一直按照自身的产品逻辑在运作罢了。不止是在天灾人祸期间，平时的交通需求高峰期，Uber 也会实行峰时定价，即"在用车需求的高峰期由系统自动加价"，车费比平时高出好几倍。Uber 应该被指责的地方，顶多是 Uber 官方没有对特殊情况做出及时应对，而不应该是"定价机制"本身。

但人们指责的恰恰正是定价机制本身。用卡拉尼克的话来说就是："交通费实行固定价格已经持续好几百年，恨不得从马车时代就这样了。乘车的人当然希望任何时候百分之百有车可乘，而且价格不变。我理解这一点，但这是不可能的。"

时至今日，被问及"坐地起价"的事，卡拉尼克仍然会兴奋不已。早在 2013 年负面新闻满天飞的时候，卡拉尼克就从未退让过，他说"我们所做的事情势必会激怒某些人"。他认为"浮动定价机制"没什么好质疑的,因为这是"经典的经济学原理",他说,"你希望总能获得充足的供给,那就必须利用价格来平衡供需关系"。

从司机的角度来讲,这一高峰涨价机制大有好处。打个比方,相同的路程,在正常时段司机接单,车费是 10 美元,除去付给 Uber 的佣金,司机能够拿到 8 美元,而在高峰时段,假设车费翻两番,那么这一单就值 40 美元,司机能够拿到 32 美元。几乎所有司机都承认,实行高峰车价后,高峰时间他们的确愿意多开一会儿。一位名叫塞米尔的 UberX 司机表示:"如果没有其他事,看到有加价的叫车,我肯定会过去。"

经济学家大多都支持卡拉尼克,美国西北大学经济学教授伊恩·萨维奇说:"根据传统做法,我们必须对出租车行业实行价格监管,因为当你在路上扬手招出租车或在候车点等候出租车时,依据惯例你必须搭最先到的一辆车,你事先无法知道车费,难免会被剥削。"但 Uber 要求乘客上车前就同意按高价收费,所以就不存在这一担忧。Uber 产品会事先通知用户车费上涨,允许用户自行选择乘车或不乘车,甚至会很贴心地给出"降价时通知我"这一选项。

"发灾难财"的事情之所以一而再,再而三地发生,原因就在于Uber 并未真正"反省",并不认为自己有错。否则,下次再遇到类似事件,应该很快就能做出反应才是。没有"反省"的原因或许在于,关闭"峰时定价"的举动,有违于 Uber 的产品理念。

Uber 是一家彻底遵循市场规律、在市场逻辑下制定商业战略和产品战略的企业。Uber 的定价,有时候会为了吸引用户而特意人为地压低,通过补贴来补足司机收入,这是为了在市场上与对手竞争而采取的策略。但即使是策略,Uber 也不曾关闭它的定价规则。比如,Uber 在中国市场宣布降价 30% 的当天,价格就上涨了 1.3 倍,第二天涨至 1.8 倍,原因在于价格人为地下调之后,用户增多,导致车辆供应紧张,由此造成了价格的上浮。

关于定价这件事，假设在市场环境下，只有一个乘客和一辆车，这个时候供需平衡，两者之间不管以什么样的价格完成交易，都是合理的；假如乘客增加至两个，车仍然只有一辆，或者乘客只有一个，车有两辆，这时供需不平衡，市场的"竞价"机制就会开始发挥作用。市场这只"看不见的手"，会自动调节供需和价格之间的关系，而 Uber 实际上就是彻底利用市场来调节供需的典型。

Uber 在做的事实际上是吸引或消灭需求。比如价格每上涨 1%，肯定就会有一批人放弃需求，那么原本不足的供应就会变得充足；反过来，价格下降，就会吸引更多需求。

从另一个角度来讲，这也是在增加或减少供应。在一个特定的地点或时段，价格每上涨 1%，就会有更多的车辆被吸引过来；反过来，价格下降，车辆就会渐渐聚集到需求更多的其他地方或时段。

结果，车辆供应和用户需求在竞价机制下不断变动，达到了动态的平衡。对于用户来说，实际上是在"能不能叫到车"和"能不能便宜地打车"之间做出选择。

对 Uber 来说，要做到随时随地都有车，必须同时调节供需，需求多的"时间"和需求少的"时间"，必须用价格来做出区隔，否则，司机又不傻，为什么要特意去恐怖袭击地点接单？

在传统出租车一统天下的时代，有乘车需求的乘客经常遭遇这样的窘境：天气不好的那一天，往往最难打车。为什么？因为很多司机会早早收工。出租车的定价是固定的，除非是黑车，否则不可能在恶劣天气坐地起价，既然如此，在这种天气出来开车有什么好处？司机不愿意上路，路上的车就少了，需求最高的时期，永远都会出现这样的尴尬状况：车少人多，司机没钱赚，乘客则打不到车。

这个时候，如果政府监管部门为了保障公共交通的正常运行，出手干预，让一批司机在恶劣天气出门接送乘客，缓解乘客被困的危机，那么，问题来了：这些司机担负着风险，开车上路，他们应该免费加班吗？如果不是免费的，由政府部门或者出租车公司为司机提供额外奖励或补贴，那这不就是 Uber 的翻版吗？区别只在于，乘坐 Uber 的乘客需要支付更多的费用，但是监管部门能够保证每次恶劣天气或者需求高峰期都做到这件事吗？Uber 却可以。一种是依靠权力和强制手段，一种是依靠经济学原理和价格杠杆，如果你是用户，更愿意为哪一种埋单？

用创意和技术满足用户，
而非讨好用户

将 Uber 的员工数和它在中国最大的竞争对手滴滴快的做一个对比，就会发现，Uber 的确在效率、成本控制上不遗余力。

扩张至 60 多个国家 400 座大城市，估值超过 600 亿美元的 Uber，全球员工数 4 000 人左右，而仅在中国运营，覆盖 300 多座城市（以中小城市为主），估值不到 200 亿美元的滴滴快的，总员工数近 5 000 人。

滴滴快的创始人程维也意识到了这种差距，近期他曾宣布要停止招聘新员工，并在内部采取末位淘汰制来减少人员冗余。

为什么 Uber 能够用如此精简的人员配置来经营一个全球化的"摊子"？除了前面提到的管理长处之外，还有一个重要的原因是：Uber 善于制定"游戏规则"。它完全靠"规则"驱动司机，而一旦司机受到驱动，保证了供应链条，需求端（用户）自然也会受到刺激而增长。

Uber 的"游戏规则"和它的产品理念一脉相承，都是典型的"理科生"思维，完全依靠规则、杠杆来影响用户行为，彻底的"市场化""技术至上"，让 Uber 彻底排除了情感或人情的温度，利用各种机制，四两拨千斤地撬动一个巨大的司机群体，而且能够让他们尽可能多地跑在路上，为 Uber 的运营维持活跃度。

其中最重要的是围绕"奖励"设置的一系列规则，这些规则对司机的撬动力是最大的。为什么要费这么大力气去撬动司机，是因为 Uber 和司机的关系不是捆绑式的雇佣关系，而是 partner（伙伴、合作者）的关系，这是最考验 Uber 运营能力的一点。对司机不能"管"，也不能强制性地去要求，只能依靠强有力的规则去影响他们的行为，而且这套规则还必须对各方都有好处。

Uber 的奖励方法通常以"一周"为周期，过了一周就会变动，很少有长久不变的奖励规则。这一条很重要，因为市场是一直在变动的，司机数量和乘客数量也在变动，必须在其间找到一个最利于保持活跃度的均衡点。打个比方，这一周乘客和司机数量都增加了，奖励机制却维持上周的水平，那么肯定就会出现司机动能不足的现象，这样就很容易导致供小于求，乘客等待时间增加，从而损伤用户体验。

让司机多上路、多接单，这是保持运营活力的基本。但也不能完全没有节制地增加活力。在路上的车辆增多，能够带动用户需求的增长，而用户需求的增长又会反过来带动司机接单数量的增长，在两方面都增长的情况下，接单频率和效率就会提高。但是，一旦司机活跃度过高，就会造成价格波动，也会影响供需，损害司机和平台双方的利益。所以奖励制度实时调整，是为了实时监控供（司机方）需（用户方）的均衡。

另外，Uber 也很注重保持奖励尺度的均衡。比如 Uber 在中国市场，有一段时间给司机的补贴奖励，规定高峰期订单补贴 3 倍车费，假如司机接一单，车费是 25 元，司机能够得到 3 倍收入，也就是 75 元。单独针对高峰期进行补贴的目的是，确保高峰期，即用户需求的高峰期，路上有足够的车可供使用。

但同时 Uber 也规定，每一单的补贴额度 50 元封顶，即使司机拉了 200 元的单，也只能获得 250 元的收入。这样的规定非常合理，首先，司机接到大单，是小概率事件，50 元封顶的规定对司机的收益不会有多少损害，即使接到大单，没有得到理想的收益，司机也能够从高频的、短途的单子中获得高额收入。这种小额加倍＋高额封顶的奖励机制，一方面有效地吸引司机多上路接单，一方面也有效杜绝了司机恶意刷大单的行为。

经济学认为，人都是理性的，在任何情况下都会做出"最大利己化"的选择，这种选择通常会引发市场活力；但是，在信息不能实时对称的环境里，人人都做出"最大利己化"选择，必然容易造成资源浪费、效率低下。打个比方，卖牛奶能赚钱，于是在信息不对称的环境里，成千上万的人都去卖牛奶，结果大部分牛奶都卖不出去，只能倒进海里。假如信息对称，大家就能知道在什么样的情况下做出什么样的选择，才是真正有益的。

Uber 就是这样一个信息完全对称的平台环境，以"中心化"的大脑指挥每辆车、每个人的供需状态，监控并平衡每一个"最大利己化"的选择，这就能够达到效率最优，以及资源利用的最大化。

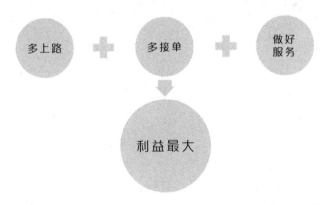

比如 Uber 规则中有一条叫"冲单奖励"，司机接单的数量越多，能够享受到的额外冲单奖励就越多，通常以 10 单为一个阶梯，也就是说，做够21单和20单是一样的奖励，假如一个司机这周已经做了21单，那么他如果想多拿一个阶梯的奖励，就必须要向 30 单冲击。这个规则很容易促使司机在打算回家休息的时候，一鼓作气，再多拉几单。

再如另一条规则规定，司机一周的评分星级要达到 4.8 以上，才能拿到这一周的补贴奖励。这一规定看似是为了确保司机的服务质量，实际达到的效果也是让司机多接单。因为评分的星级是所有用户评价的平均值，这意味着假如一位司机这周不小心拿到一个 4 星评价，他就可以通过再拿到四个 5 星评价来冲淡 4 星评价的影响，提升平均评分，使之回升到 4.8。这样就从机制上保证了司机必须多接单，才能拿到奖励。

拿到奖励还有一个条件，那就是司机一周的接单率要达到 80%，也就是说，假如 10 次派单中，司机拒绝了 3 次，就拿不到奖励了。为了确保能够拿到奖励，司机仍然可以通过多接单的方式，比如再接几单，接单率就会提升至 80% 了。一个简单的规则既确保了用户下单后有求必应，获得良好的用户体验，也能够促使司机多多接单，让人不得不佩服 Uber 规则制定者的运营智慧。

再来看另一个规则的细节，司机介绍朋友成为 Uber 司机之后，能够拿到现金奖励，但不是在注册之后拿到奖励，而是在被介绍的新司机接够 20 单之后。这同样是为了确保让更多的司机多多接单。

让司机"在路上"、多接单，这是 Uber 提升整个系统运作效率的核心，光用利益和奖励"引诱"司机是不够的，Uber 虽然财大气粗，有足够的资金来补贴市场，但卡拉尼克也说，假如一周补贴数千万美金，谁也撑不住，补贴的钱必须花在刀刃上，一分也不能浪费。这个时候，奖励规则就很重要了。如何费最小的力气、花最少的钱让更多的司机被调动起来，让用户多省钱，让平台受益，这就是 Uber 制定"游戏规则"的终极目标。

为了确保达到这个目的，首先 Uber 是从规则的制定技巧方面下功夫，其次则是从措辞上传达出一种不容置疑的态度。Uber 的规则条款都非常"霸气"，不允许讨价还价，它甚至在规则中加了这么一条："如果不相信我们的数据统计，可以选择不冲击奖励，但千万不要过来找我们辩论，辩论者终止合作。"

还有，Uber 有很多条"永久封号"的规定，看下来，你会觉得好像动不动就会被"永久封号"。"完成行程后私自联系客户""接客户时有其他乘客在车内""使用没有经过认证的车辆上线接单"等行为，都是"一经发现，永久封号"，处罚非常严厉，基本没有申诉机会。另外，对于投诉的处理也非常严格，投诉分为初级、中级、严重、初级投诉，包括不熟悉路线、让乘客久等、仪容不整、车况不佳等，在一个月内达到三次就"永久封号"；严重投诉，包括刷单、收取现金，和乘客争吵等，一次投诉即"永久封号"。

Uber 经常在规则中使用"建议"这个词，它会说建议司机如何如何做，就会得到奖励，但字里行间表达的意思其实就是：照我说的做，我保证你赚钱。简单，但是有效。Uber 之所以能在条款中流露出霸气姿态，很大程度上也是因为它的确能够让司机赚到更多的钱。

总的来说，Uber 的规则兼顾了多方势能的均衡，一方面鼓励司机行为，一方面又制约司机行为，利用杠杆带动司机的运作效率，同时又让规则之间相互制衡，在利弊之间达到一个最佳平衡点。

由此可见 Uber 的运营能力为人称道的原因。这家硅谷公司以及它的成员信奉的永远是市场、科技、创意的力量，如《福布斯》杂志编辑兰德尔·莱恩所言："他们的成功往往依赖创意和技术水平，而不是人脉关系和推销术。"这是典型的互联网时代的成功之道。

不花钱的跨界营销：
好点子就是真金白银

  Uber 的营销手段一直引人注目，为人称道。即使是那些不喜欢 Uber 的人，也不得不承认 Uber 的"玩法"五花八门，而且都很有意思。

  在 Uber 各地的"三人小分队"中，其中一人是市场经理。由于具有很大的自主权，Uber 的营销点子通常都是由市场经理根据平时看到的、想到的、接触到的，灵感闪现想出来的，觉得可行就立刻和其他两人商量，商量好就可以立刻付诸实施。

  所以我们看到的 Uber 营销通常都是简单易行的，一键叫直升机，一键叫船，一键叫猫咪、叫冰激凌，情人节叫车送花，圣诞节叫车送礼物等等，但它的成功之处就在于在保持品位和创意的同时，足够简单易行。在一个关注线上营销的互联网大环境里，Uber 显得与众不同，做事很落地，这使得它带来的口碑也很落地、实实在在，就在用户之间产生，而不是网上一片叫好声，线下无人问津。

  去看 Uber 的官微，转发数和评论数都不算多，但人们几乎每天都能够在社交媒体和新闻中看到 Uber 的消息，Uber 的每一个动作几乎都会引发话题。比如，2015 年 4 月，许多人的微信朋友圈被"佟大为在上海做 Uber 司机"的视频刷屏。

视频中，开着红色特斯拉的佟大为化身为 Uber 司机，在上海街头接送乘客，乘客毫不知情，而且上车后，坐在后座一直低头看手机，根本不知道眼前这位 Uber 司机是一位明星。随即，司机佟大为使出浑身解数给出各种暗示，乘客仍然懵懂不觉，整个过程非常逗趣。

Uber 司机，是 Uber 进入上海之后主打的营销话题。葡萄酒社交应用创始人辛华、明道创始人兼 CEO 任向晖、明道副总裁许维、麦田创始人、原艺龙网 COO 谢震……这些名人都是 Uber 司机中的一员。"让 CEO 给你做司机"成为当时"人民优步"的一大卖点。

自 2014 年 10 月人民优步在深圳、上海、广州、成都、杭州和武汉这六座城市试运营以来，用户对拼车的潜在顾虑一直都存在，担心不专业、不安全，Uber 上海总经理王晓峰在接受采访时说："但是，CEO 司机把这些顾虑给转化了，变成一种有趣、有爱、互助公益性的绿色方式，品牌调性也变得不一样。"

这不是广告，却比广告更有效。在这个时代，不是只有正统的广告才能卖出产品，好的营销创意，甚至能够直接转化成真金白银。

坚持不做付费推广，源于 Uber 团队的清醒认知：无论说得多好听，名气炒作得再高，最终留住用户的决定性因素仍然是产品。所以，Uber 把每一分钱都花在了产品线的开发和运营上，即使做营销，也坚持做不花钱的营销，把重点放在打造话题热度上，利用网络平台、用户口碑实现病毒式传播。

关于"不花钱"这一点，卡拉尼克曾经解释过："我们尽力让每个市场营销和推广活动都能独立赢利，至少不赔钱。所以，我们寻找能够帮助我们实现创意的合作伙伴，这并不是说在这些事情上我们一点钱也不花，但是通常情况下我们的企业文化是用创造力而不是金钱来激励人。"

跨界营销是 Uber 最常用的创意。2015 年 11 月的一天，Uber Black

的用户收到了这样一条短信："本月搭乘 Uber Black 不仅享有奢华服务，暖心八折回馈，更有机会获得有品 PICOOC 提供的贴心礼品一份。"

PICOOC 是北京一家生产智能设备的公司，其明星产品智能秤通过最新科技手段，能够实现包括体重、体脂率、肌肉率、基础代谢率、水分含量等 9 项身体数据的测量，为用户提供"体检报告"，并提出健康建议。

Uber 和 PICOOC，乍一看两个品牌之间可以说毫无关联。媒体报道中称，Uber 和 PICOOC 的这一次"跨界合作"，是基于双方用户的高重合度，PICOOC 的用户群和 Uber black 一样，也集中在中高端用户，以及喜欢新鲜事物的年轻群体。同时这次合作也是基于双方用户理念的高契合度：给用户带来出行便利和舒适体验，为用户带来健康，都是科技改变生活的典型范例。

这样的跨界合作不仅操作起来很简单，而且有效，直接将益处交到用户手上，也没有给用户造成麻烦和负担，关键对 Uber 而言，这是一次不花钱的营销，基于资源互换，只需要提供资源就够了。

如果说这个活动还不够有创意，不足以造成话题度，那么，Uber 在美国推出的主题为"给你 7 分钟，将投资人快递到你面前"的活动，就是创意独到的营销典范了。活动中，用户叫一辆 Uber 专车，专车内会有一位投资人听取 7 分钟的项目讲解，并给予 7 分钟意见反馈，最终 Uber 专车会将用户免费送回家。类似的活动还有在中国北京的 UberDream 活动。活动期间，学生可以通过 Uber APP 叫车。车上坐有印象笔记、LinkedIn、Uber、节操精选、穷游等 16 家公司高管，学生叫车成功即可上车与这些高管进行简短交流，递上简历，争取实习或工作机会。

这次活动在跨界合作方面颇有针对性。首先是针对学生用户，因为目前学生群体中使用 Uber 的还不算多；其次，Uber 的合作方

LinkedIn、duolingo、穷游等企业也正在着重发展校园市场，这次合作对双方都能起到"校园推广"的作用。所以，仍然是一次不花钱的营销，同时还直接给 Uber 带来了用户流量。

由于每个城市的团队都拥有一定的自主权，因此，各地的 Uber 跨界营销可谓创意不断：

在澳大利亚墨尔本、珀斯等城市，Uber 策划了跨界的猫咪秀活动，用户在 Uber 应用里点击选择"小猫"，即可与送上门的小猫共享 15 分钟时间。

在泰国，Uber 推出专车蓄水服务，在一年一度的泰国泼水节，用户可以预约蓄水车为自己的水枪加满水，并可以在专车上获得防水套装。

在加拿大多伦多街头，Uber 则安装了自助酒精检测仪——Uber SAFE，市民抽取吸管吹 6 秒钟，机器便可自动监测人体内的酒精浓度，如果发现有人酒精浓度超标，Uber SAFE 就会自动帮忙叫一辆车，并承担费用。

......

进入全球最大的中国市场之后，Uber 的"跨界营销"更是玩得"风生水起"：

2014 年 6 月，广州，Uber 在儿童节当天推出"公主梦"活动，提供加长林肯白色公主车，实现小公主们的梦想。

2014 年 7 月，广州，深圳，Uber 推出"一键送雪糕"活动，用户只需要在应用里选择"雪糕"按钮，离他们最近的雪糕车就会把雪糕送到指定地点。

2014 年 9 月，广州，9 月 1 日新生入园第一天，Uber 和妈妈网合作，用专车接送幼儿园小朋友上学和放学，摄影师随车记录每一位宝贝的入学第一天。

2014 年 12 月，成都，Uber 和宝马合作，在圣诞节前夕派出了 10

辆 MINI，供乘客免费搭乘。车内有按摩装置、情趣香氛、迷幻慢摇电音、功能饮料、食物和《男人装》杂志等。

2015 年 1 月，上海，广州，深圳，春节期间，Uber 推出"一键呼叫舞狮队"活动，用户在客户端可以呼叫舞狮表演。

2015 年 4 月，北京，Uber 推出"一键呼叫人力车"活动。Uber 在什刹海地区找了一些人力车，用户可以召唤最近的人力车让自己度过40 分钟胡同之旅。

2015 年 4 月，上海，Uber 推出"一键呼叫直升机"服务，邀请明星赵又廷作为首飞乘客。

2015 年 6 月，广州，携手肆美打造美丽专车，体验者可通过 Uber进行预约，在专车上由顶级化妆师进行 15 分钟的"现场化妆"服务。

2015 年 7 月，北京、上海等 14 座城市，Uber 推出"一键送冰激凌"活动，且每个城市都有不同创意，比如优步北京与可口可乐联合推出了翻着气泡、顶着雪球的"Uber 冰激凌可乐"；上海全城招募骑手为用户带来童年夏天的回忆；成都专属定制冰麻花椒口味冰激凌，配重庆麻辣浇头的冰激凌；杭州则打出了"为下一代留下蓝天"的环保公益概念，用杭州特有的电动 Uber 小优为杭州人送去"爸爸妈妈宝宝"的主题冰激凌；深圳和广州更是动用了酷炫无人机，让用户体验真正的"随叫随到"……

Uber 的"跨界营销"通常都是选择和当下时间点、当地城市相符的事情，通过和第三方合作进行资源互换，或者在社交平台上制造话题，吸引媒体报道。同时，也会做大量的媒体合作投放稿件，集结各方意见领袖做强有力的背书。

而且，大量的跨界营销都是以"一键叫×××"为主题，这不仅和 Uber 自身的产品形式相符，而且与其背后的理念也是一致的。因为Uber 的"一键"设计的初衷就是为了简化步骤，让生活更便捷。Uber

的跨界营销活动让"一键"通往各个领域，以丰富多彩的创意和想象力向人们展示了Uber产品未来的无限可能，当然，每一场活动都会让用户获益。而"一键"所带来的无限可能，使得Uber营销活动的创意俯拾皆是，而且操作起来也很简单，频率一周一次的营销动作，必然让Uber频繁出现在公众视野中，从而提升产品知名度，长久保持热度和话题度。

跨界融合不仅是互联网时代的趋势，也是企业发展的未来。互联网的本质，从某种意义上来说就是"连接"，在跨界的连接中，才能涌现出更多商业创新，让资源得到最大限度的整合。跨界营销只不过是对这一趋势的顺应。当然，跨界不能胡来，也并非能够随意、无限制地跨界，尤其是跨界营销不把握好规则，很可能就会事倍功半。一般来讲，跨界营销有几大原则需要遵守：

一是资源匹配。合作企业在品牌、实力、营销思路和能力、企业战略、消费群体等方面应该有共性或对等性。比如Uber和互联网企业的一些营销合作，就属于直接的资源匹配，包括上文提到和诸多互联网企业合作的"一键叫CEO"，以及在杭州联合一些投资基金做的"一键打来一个亿"活动，这些都是直接能够产生效果的跨界营销方式。

二是品牌之间应该是互惠互利的共生关系，而不是此消彼长的竞争关系。Uber不会和Lyft或者滴滴快的合作跨界营销，因为这对双方都没有益处。通常来讲，和行业领域相隔比较远的品牌进行跨界营销，才是好的选择，比如，和房产中介合作的"一键看房"活动，这才符合品牌非竞争性原则。

三是消费群体一致性，双方企业或品牌应具备一致或重复性消费群体。比如 Uber 的核心用户群是白领，那么就应该去寻找核心用户群一致的品牌来合作。"白领午餐"活动是其中一个案例，Uber 联合相关针对白领的送餐外卖 APP，让用户通过 Uber 下单，享受"一元午餐"。

四是两个品牌在优劣势上进行互补，将各自经过验证的人气和品牌内涵相互转移到对方身上，使传播效应相互叠加。比如 Uber 和车企的合作，想要买车的用户可以叫一辆 Uber 试驾。"一键叫车"是 Uber 主要的服务项目，与真正的买车试驾服务对接，可以说十分恰当，于双方的品牌效应都有增益。

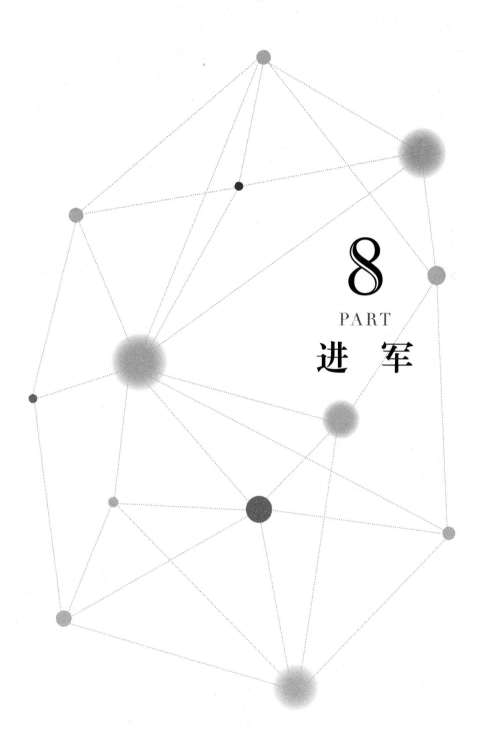

8
PART

进 军

烧钱烧出囚徒困境

2014 年 2 月 13 日，Uber 正式宣布进军中国市场。

中国市场，对于很多国外的互联网巨头来说都是一块"伤心地"，也是一块啃不动的"硬骨头"。雅虎、Google、AOL、Myspace、eBay，几乎都是雄心万丈地进来，然后灰头土脸地退出；亚马逊还在，但它在中国的市场份额已降至个位数。事实上，至今为止，真正在中国市场获得成功的国外互联网企业尚不存在。

几乎所有的"外来者"来到中国，都面对着极为复杂的环境和运营方面的难题，其中最先遇到的阻碍就是中国本土企业的竞争。几乎所有进驻中国的国外互联网企业，都敌不过本土的同类产品，很重要的一个原因，就是因为"外来者"不够"本土化"。

以亚马逊为例，一直以来，过于埋头于技术，营销手段弱，对中国电商市场的判断不够及时；网络页面照搬西方模式，产品分类不符合中国消费者的习惯；物流速度不敌本土竞争者；启用外籍高管，使得外籍管理层和中国团队之间沟通效率低下；在大数据、云计算等传统技术强项上，亚马逊也面临阿里巴巴等本土电商的竞争——这些都是它无法成功的原因，总结成一句话就是：不够本土化。而本地企业在这方面具备天然的优势。

再如 eBay。2001 年，eBay 已是全球首屈一指的 C2C 公司，而易趣是当时中国电子商务 C2C 领域的老大。2002 年 3 月，eBay 收购了易趣 33% 的股份，进入中国市场。2003 年 5 月，马云开始筹建自己的 C2C 交易平台——淘宝。针对中国市场，两者采取了不同的做法：eBay 对卖家收取费用，淘宝对卖家始终免费，只对增值业务收费；eBay 阻止卖家与买家私下沟通，以确保交易佣金不会流失，淘宝则鼓励买卖双方进行沟通，消除信息的不对称；eBay 缺乏交易担保手段，淘宝则建立了支付宝担保交易体系。可见，在对市场和用户的了解程度上，本土企业有着天然的优势。而且，由于本土企业扎根于本地，更具灵活性，针对外来竞争者的任何动作，都能够轻易对自身做出相应的调整或改进。

另外，外来者还面临另一个问题，中国特有的文化环境，以及政策法规。2010 年，Google 奉行"不作恶"理念，公开反对中国的信息审查制度，退出了中国市场。不能遵守这个市场的"游戏规则"，必然无法留下。

所以，当 Uber 决心进军中国市场时，引发了舆论的轩然大波。卡兰尼克后来说："我到中国来，别人都说我疯了，也许我们的确是疯了。但是，这种探险能够启发我，吸引我到中国来尝试为中国的城市和人民服务。"

卡兰尼克率领 Uber 进军中国市场时，的确是有备而来，至少他吸取了前车之鉴。首先，在"本土化"这一块，Uber 有全球扩张的经验。即使针对中国市场还没有经验，但通过给予当地成员足够的自主权，立足于当地环境制定具体策略，也能解决这一问题。其次，Uber 一进来就是低姿态遵守规矩，因地制宜地注册成商务租车公司，这样一来，司机跟 Uber 签的合同就合理合法了。而且 Uber 在中国推出的首款服务是与租车公司合作，主打"Uber Black"高端商务专车服务。尽管后来涉及引入私家车运营，因违规遭到查封，但在早期 Uber 还是规矩的。"本土化"方面的努力，以及对规矩的遵守，为 Uber 顺利进入中国并在短时间内"崛起"创造了前提条件。

在 Uber 进来之前，中国的打车市场的发展，可谓一波三折：

2009 年成立、2010 年上线的 Uber，毫无疑问是打车软件的鼻祖，当时 Uber 作为一个现象级的产品，在 2011 年之后成了最热门的硅谷创新企业的代表。

中国最早的 Uber 模仿者是易到用车，于 2010 年 9 月上线，比 Uber 仅仅晚了三个月，由徐小平领衔天使投资，并在 2011 年 8 月获得 A 轮融资，时间刚好是 Uber 融资后半年。

很多创业者认为，类似的打车软件由于涉及法律法规和监管问题，创业风险太高。但这并不妨碍一大批创业者涌入这一领域，2011 年，2012 年，中国的打车应用开始成批出现，包括摇摇招车、打车助手、打车小秘（易到旗下）、微打车、易达打车、滴滴打车等，都是在这一时期诞生。

到了 2013 年上半年，Uber 在全球范围内进行大肆扩张时，中国打车行业的"洗牌"开始了。因为整个行业涌入的创业者众多，所以大家基本的运营模式就是疯狂地补贴和砸钱，产品和用户体验基本没有用武之地。对赢利模式的迷茫，加上政府监管的问题浮出水面，使整个打车软件在这一年被淘汰者众多，而强者则开始脱颖而出。

在北京，滴滴打车在 PR、广告投放、疯狂的补贴策略方面表现出了强于其他团队的能力，结果是北京市场几乎被滴滴全部占据。

而在江浙沪，另外一家打车软件企业"快的"占据了主导地位，因为身处杭州，快的近水楼台先得月，获得了阿里的投资，在吃透杭州市场后，又迅速进入了竞争激烈的上海市场。

上海这个城市的出租车行业基本算得上全国最规范的，电调系统也做得不错，但由于收费昂贵，所以快的在进入上海市场之后，果断地采取了低价策略，很快获得了日订单破万的成绩。

这时，获得腾讯投资的滴滴打车也进入了上海市场，延续了其在北京的策略：疯狂砸线下广告、大力补贴司机用户……两个月后，滴滴在上海也宣布单日订单破万。

日后被快的收购的大黄蜂，这时也进入了上海市场，它实行的是更为激进的"低价"策略。大黄蜂是 2013 年刚成立的公司，天使期融了 300 万美元，于是上线后也疯狂打补贴战，最疯狂的时候，只要用户使用大黄蜂打车，成交后给司机送 10 块、乘客也送 10 块……

由此可见这场"补贴战争"的激烈程度，结果不出所料，到了这年的 8 月份，快的、滴滴、大黄蜂都宣布自己是上海第一。随即，这三方的竞争进入了胶着状态，陷入了著名的"囚徒困境"：通过补贴建立起来的市场，任何一方的补贴力度减少，用户立刻会转向其他两家。所以，三方都只好继续烧钱，谁也无法停下来。

在整个打车市场都是如此的大环境下，没钱可烧的打车应用几乎立刻就被淘汰了。滴滴站稳了它在一线城市的地位，快的则收购了大黄蜂，一心拓展二线城市市场，这两家最终成为行业的"大佬"。

在这场"战役"中，中国的 BAT 三家互联网巨头都有所动作：阿里投资了快的，腾讯投资了滴滴，百度则推出了百度地图打车。

正是在这样的市场"盘面"下，Uber 加入进来了，然后顺理成章地和百度实现了联手。

试想，假如 Uber 没有进驻中国市场，或许滴滴和快的之间还有一场硬仗要打，至少不会在 2015 年 2 月就急着进行战略合并。

整体来看，Uber 进来的时机也还算不错，但也可以说已经有点晚了，滴滴和快的已经通过补贴战赢得了大半"江山"，Uber 不得不加入这场"战争"，而且必须耗费更大的力气、消耗更多资本才能后来者居上。

关于补贴战，Google Venture 著名投资人 Joe Kraus 提到的一个观点叫：FOMO(Fear Of Missing Out)，翻译成中文就是"怕落下"。他说："在我看来，FOMO 驱动了很多人类行为，当然也就包括很多投资人的行为。

总是会有很多投资人争相追逐当月热门，而这些投资人之所以会跟进这类项目，老实说，一部分是因为其他投资人都在这么做。他们害怕自己会错过一个能够做大的生意，而这种恐惧就进一步驱动了他们拿下这笔生意的欲望。"

不惜将总部的资金挪到中国市场使用，迎头赶上"补贴战"的Uber，也是出于"怕落下"的担忧。卡兰尼克曾说，中国的补贴战让他很有压力，他每天都在担心，因为如果没有补贴或者补贴降下来，用户就有可能离开。

卡兰尼克的原话是："中国企业家是补贴方面最好的创新者。"这话说得很委婉，实际的意思就是，中国的互联网市场具备这种特殊性，大部分企业早期都在通过烧钱来获取用户，同时也通过烧钱来击垮竞争者，你作为外来者，如果不加入这场游戏，那就不必谈输赢。

很多唱衰Uber中国的论调，也都是基于这样的判断：Uber在中国市场很可能会水土不服，由于对本土资本市场不熟悉，在本土竞争者的威胁面前，身为外来企业，底气不足，很可能拖不起这场烧钱大战；即使有足够的资金支撑，后期也不一定能够从滴滴快的手中夺走市场份额，市场体量撑不起来，Uber就很难赢利……

滴滴、快的在Uber进驻一年后选择合并，多少是存着对抗Uber的心思，但更重要的是，这两家打车巨头已经不愿意再陷在低端的价格竞争中，以至于腾不出精力来发展自身。面对已经完成全球布局的Uber，它们也开始对自身定位进行思考。合并这一举动从各种意义上来看，都是一种积极的应对。尤其对于打车行业而言，在面临监管问题和法律灰色地带等问题时，强强联合也能让自身抗风险能力大增，增加和政府监管"谈判"的砝码。

面对中国市场的这个竞争局面，卡兰尼克也早有思考。他说，市场肯定是这样的，你不可能永远提供补贴，除非你的每一块钱都花得非常明智。"你必须创建一种平衡的文化，权衡投资者给你多少钱来服务这个市场。如果每周花 8 000 万美元来补贴，这不可能持续。"

作为外来者的 Uber，一方面努力适应中国市场，一方面也希望借助于 Uber 自身产品创新的力量来打破"补贴战"所造成的"囚徒困境"。要防止出现"补贴停止，用户流失"的局面，Uber 还有很长的路要走。

在中国市场，
保持有水平的谦虚

Uber 在进入中国后，提出的一个策略是，为中国业务设立单独实体、单独管理机制和单独总部，卡拉尼克说："我们要办一家真正的中国公司，找到中国投资者。就像我们在各地有出身于中国的总经理一样，我们也应该有中国股东。"他强调："这是我们在全球各地第一次做这样的事情，因为中国和世界其他地方太不一样了。中国市场、中国企业界竞争非常激烈。如果不是来自中国，你在这个市场必须谦虚。"

同时，Uber 也把寻找中国投资者的标准定得相当高："按照最高标准来说，我们需要找到能帮助优步真正成为一家中国公司的战略投资者：他们能帮助我们建立管理团队，能与监管层与政府沟通，能帮助我们推广，争取更多的客户和司机。"

2015 年 7 月，Uber 中国分部在本土启动独立的 B 轮融资，并在年底之前全部完成。在此期间，也就是这一年的 10 月 8 日，Uber 唯一一个美国以外的独立公司——上海雾博信息技术有限公司，在中国上海自贸区落地，注册资本金达 21 亿元。Uber 同时宣布，在成立后的十二个月里，Uber 计划进入中国的 100 个城市，推出更多基于本土创新的出行产品，新公司的总投资额也将达到 63 亿元。

11 月，"优步中国"更名为"中国优步"，进一步表明 Uber 为了适应中国市场与投资人进行的本土化努力。

2016 年 1 月份，Uber 向外界公布了参与 B 轮投资的 9 家投资方，包括海航集团、中信证券、中国太平、中国人寿、广汽集团、万科、民生银行、中国宽带产业基金，以及参与了中国优步 A 轮融资的百度公司。至此，在 Uber 全球和中国优步的融资中，来自中国投资人的资金已接近 20 亿美元。

中国优步之所以要找中国投资人，并不是因为缺钱，而是希望通过与本地资本融合，与投资方实现更多业务上的合作，以实现真正的本土化渗透。

以海航为例，入股中国优步后，双方将在海航航班、海航酒店的业务上进行服务对接。在金融层面，双方此前的合作涉及专车互联网金融平台及相关保险险种的开发，并将在租赁领域展开深入合作。

再如广汽集团。广汽此前发布的公告称，除了资本上的投入，广汽与中国优步还将在汽车销售、维修保养、二手车、汽车信贷、保险及租赁等方面开展战略合作。

目前，Uber 全球最大的市场已经开始由美国逐渐转移至中国这一人口大国。中国大城市拥有不亚于美国城市的拥堵交通，以及远超美国城市的人口基数，这对于 Uber 这种需要人口和车辆密集度才能实现高效率的产品来说，条件可谓得天独厚。结果，Uber 在这里迅速实现了产品密度和用户规模，连卡拉尼克自己都觉得，增长速度太惊人了。尽管很多人质疑 Uber 的市场份额，但至少到目前为止，Uber 在中国的业务仍然做得风生水起，这多少是出于 Uber "本地化"战略的成功。

以上海为例——Uber 进入的第一座中国城市，在寻找第一批用户的时候，城市团队没有照搬美国经验，而是立足于当地市场，锁定了三类人作为 1% 的核心目标用户：

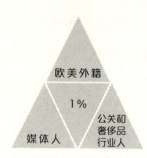

欧美外籍

1%

媒体人

公关和
奢侈品
行业人

第一类是来自欧美国家的外籍人士，还有留学生，或者从欧美回来的华人。Uber 早已在欧美国家打响名气，这类人早就知道 Uber，或者已经是 Uber 的用户。

第二类是媒体人，尤其是那些喜欢把国外的东西翻译到中国来的人。同样的原因，因为这些人早就知道甚至很了解 Uber，比起一般人，他们也更愿意尝试新事物。

第三类人是公关和奢侈品等行业的从业人士，这一类人对出行的需求很大，同时要求也比较高，是和 Uber 相当匹配的目标用户。

精准的、具有当地城市特色的用户定位，帮助 Uber 在上海很快完成了早期的用户积累。

在杭州，Uber 也发展得很不错。据 Uber 中国 2015 年 11 月 4 日透露，"人民优步 +"（即 Uber Pool）在杭州上线仅两个月的时间，Uber 杭州日均完成的拼车行程数就已超过 Uber 开展拼车业务最久的城市旧金山，且已基本实现收支平衡。

Uber 在杭州为何能够在短时间内达到这么大的市场体量？首先，Uber 团队摸透了杭州这座城市特殊的交通形态：西边有西湖、东边有钱塘江，老城区被夹在中间，杭州的省市行政中心、商业中心、风景旅游中心都集中在 20 平方公里的区域内，城市主干道压力极大，在这条主干道上开展"人民优步 +"拼车业务，效果立竿见影，不仅有效缓解杭州的交通压力，而且让乘客有车可乘，发展速度自然快。

同时，Uber 结合杭州科技企业多的特点，积极与阿里巴巴、网易、蘑菇街等杭州当地企业进行合作。杭州的西湖文化也被 Uber 运用在营销活动中。比如西湖文化的代表摇橹船，过去由于游客和船夫的信息不对称，摇橹船的使用效率不高，容易出现湖中空船行驶、岸上乘客排队等不到船的局面。这简直和传统出租车的毛病一模一样。Uber 在这种局面中，自然大有用武之地。它将船接入系统，让乘客通过软件叫船，与手持 Uber 司机端的船夫匹配，大大提高了效率，提升了用户体验。

当 Uber 真正深入一个城市的肌理，深入满足用户的需求时，就能够在用户心中构建价值，从而建立起牢固的"连接"。不仅是在上海、杭州，在其他城市也是如此。当地的城市团队灵活地根据当地情况制定运营策略，使得 Uber 在中国的好几座城市的业务量很快超过了 Uber 进驻的其他城市。

据 Uber 中国方面透露，广州查封事件刚刚过去不久，广州就超越成都，成为 Uber 全球 400 个城市中订单量最大的城市。自 2015 年 1 月至 11 月 2 日，广州 Uber 用户的数量已实现 3 000% 的增长，而 Uber 中国也正考虑在广州设华南运营总部。

在此之前的 10 月 30 日，Uber 中国已宣布在武汉东湖新技术开发区投资 6 300 万元人民币建立其全球最大的卓越运营中心（Center of Excellence）。这是 Uber 首次在美国之外的国家和地区设立的第一个、同时也是面积最大、投入最高的卓越运营中心。

Uber 的相关负责人说："我们对新规的出台非常期待，甚至把它认为是 Uber 本土化的一个里程碑。之前 Uber 是'摸着石头过河'，有了准则之后，就有了方向和框架，这是好事。再说，其他互联网公司怎么做，我们也可以怎么做，我们也一定会做到，比如我们已经取得了 ICP 许可。"

同时，据最新消息，为了配合中国的相关政策法规，Uber 在中国已经和一百多家汽车租赁公司达成合作，Uber "只有私家车，没有专车"的舆论形象，很可能会因此而改变。

在美国，Uber 站在用户这一边，代表用户的权利对抗政府 "强权"，塑造了一个英雄的形象，因而大受拥戴；虽然在中国，Uber 也曾经推出过类似的对抗方案，但总体来说，Uber 中国多数时候是选择政府鼓励的方向切入。Uber 中国的负责人柳甄认为："各个地方政府对于从硅谷引入高科技的本土化企业是持一种支持的态度的。"既然如此，比起一味地对抗，保持合作的态度无疑是更有效的方式。

据报道，Uber 创始人卡拉尼克几个月前访华，促成 Uber 和贵阳市政府达成了一个全面战略合作协议。"非常重要的是，当一个城市在进步和变化的时候，我们也和政府合作来维护稳定。Uber 在这些城市的总经理，他们和当地政府合作，维持一种日常的关系，这样的话城市的进步和稳定就可以兼得。"卡拉尼克相信，"与政府有良好的关系对我们公司的运营和持续发展至关重要。"

"我们尽可能多地了解在中国成功发展的企业。那些企业来到中国，关注它们了解的事物，并且在某种程度上明白自己是个外来的 '访问者'，因此它们应该谦虚，并且应该学习，找到能够指引和帮助它们学习的向导。同时也要保持解决问题的好奇心，去找到在中国建立和发展事业的路径。"

根据 Uber 的统计，在 2015 年初，优步在中国打车市场的占有率只有 1% ~ 2%，仅仅过了半年，这个数值就上升到了 35%，增速惊人。卡拉尼克曾表示，在中国市场，新事物被接受的速度和发展速度比世界上任何地方都要快，这也正是 Uber 必须在中国设置独立实体的原因所在。这是一块十分有活力，也相当有挑战性的市场，必须沉下心来扎根当地，才能有所作为。

Uber 在中国的很多城市经理都是当地人，这同样也是出于 "本地化"

的考虑："我们希望让他们感觉到，'这是你的城市、你的家乡，你想想怎样才能给你的家人、同学、朋友提供更好的出行方式'。"

卡拉尼克甚至有心要找到一个中国人来担任中国优步的CEO，但目前还未找到。他说："我们目前在中国的市场占有率处于第二位，是后来者，有很多挑战。我们到中国来，不仅带来技术，更重要的是做好本地化。我们在中国的团队、管理层都是中国人，但我现在对中国CEO的位置有点放不开，因为这里就是战场。如果我们想快一点进到未来，要在中国取得成功，其中一环是要让中国人当中国优步的CEO。但我把这个标准设得非常高，要找到不仅能启发我，还能启发团队的那个人。在找到这个人之前，目前由我担当中国优步CEO的角色。"

之所以如此迫切地想要变得更"中国化"，和Uber在这一市场面临的监管困境有关。2015年，Uber和滴滴快的屡次被北京市交通委运输管理局等8个部门约谈，最近的一次，国家发改委也加入了约谈行列。约谈主要针对互联网平台组织私家车、租赁车从事客运服务，指出其行为涉嫌违法组织客运经营、逃漏税，并要求其停止发送商业性短信息。

据统计，2015年上半年，北京市交通执法总队共查处非法运营私家车、租赁车2 000多辆，涉及滴滴快的"专车"平台从事非法运营车1 000多辆，涉及Uber平台百余辆。可见，北京有关部门对互联网租车企业的监管已经越来越严格。尽管政府强调，将积极推进出租车行业改革发展，支持"互联网+"与交通运输的创新融合，但如何推进融合，如何规范整个行业，仍是一个未知数。

面对这样的现状，再考虑到在中国市场已经发展相对成熟的滴滴快的打车的存在，Uber认为最好的公关策略应该是退让，尽量不要太出风头。据相关人士分析，对政府监管部门而言，让Uber牵制滴滴快的也是题中之义，否则滴滴快的一家独大，到时对传统出租车行业与互联网租车企业之间的博弈的监管就很难取得均衡。这是一个很复杂的"博弈"局面，所以，Uber 在中国的最佳姿态本就应该是少说话，多做事，专注于自身发展，因为只有成长到一定程度，才有可能在这个局面中具备话语权和博弈资本。

如何兼顾
"接地气"和"很洋气"

自从 Uber 挖来了一批十分有经验的公共政策和公关专家之后，卡兰尼克在公众面前的言行就变得谨慎起来。尤其是在中国，他接受大量的媒体采访，出席各种活动，每次说话都显得审慎、谦虚，而且颇有"水平"，即使藏有机锋，也不再如从前那样直言不讳。

比如，前面提到，卡兰尼克谈及补贴时说了一句："如果每周花8 000万美元来补贴，这不可能持续。"8 000万美元这个数字其实暗指对手滴滴快的，当时有传言滴滴快的为了圈占市场、对抗 Uber，每周花费8 000万美元用于市场补贴。卡兰尼克认为这是不理性，也不够明智的竞争态度，但他并没有明说，换作以前，他恐怕早已迫不及待地攻击对手了。

再如，在一次采访中卡兰尼克被记者问及"目前滴滴快的仍然主导市场，你打算如何超越它们"，他的回答是："这取决于如何定义它们的市场。如果把出租车包括进来，你的话绝对是正确的。如果只包括专车（私家车），那么你的话在有些城市适用，在另外一些城市却不适用。我觉得这个问题回到了用户体验上，回到了产品、市场营销上，让人们有选择。只要我们把本职工作做好，就会有更多的人选择我们。"

话说得既委婉，又针锋相对，可谓滴水不漏。

不仅 Uber 在中国变得"中国化"了，卡兰尼克本人似乎也被中国"打太极"式的说话之道影响了。当然，人们仍然能够从这位雷厉风行的 CEO 身上找到他当年的影子，他的委婉谦和也是有针对性的，针对政策、监管、大环境、竞争对手等等问题，卡兰尼克会像这样"小心翼翼"地说话："我非常感激的是，在中国，不管是地方政府，还是中央政府，对滴滴和 Uber 的态度是一视同仁的。如果这个趋势未来继续下去的话，Uber 或滴滴带来的进步都会促进城市的进步。"

而一旦问题涉及对产品和企业理念的质疑，他就会变成那个"理科生"思维的"极客"。曾有记者问及动态价格，卡兰尼克的措辞立刻就变得没有"人情味"了，他说："有人曾经对我说，他们不喜欢动态价格，他们想要在所有时间内都固定的价格。那么他们可以叫出租车。"

在中国，Uber 经常被认为是国外企业"接地气"的典范，甚至有人认为它比很多国内企业都更加"接地气"。因为 Uber 在进入中国之后很短时间内就摸准了中国打车市场的命脉所在：不是高大上的"共享经济""高估值""舒适体验""无人驾驶"……而是"便宜"。

"10 公里，48 分钟，4 元钱。"对用户而言，这样的账单才是最有说服力的。

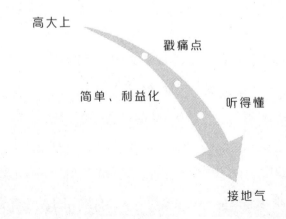

Uber 进入中国，为自己取名叫人民优步，从"人民"这两个字，可以很明显地看出 Uber 的"野心"。你会发现，中国优步很少像 Uber 在其他城市那样，宣传自己比出租车的体验更好，或者宣传自己将改写交通体系、出行方式，而是着重传达"比出租车更便宜"这个信息：现在，人民优步依赖补贴政策，比出租车更便宜；未来，补贴停止后，人民优步也能够依靠产品优势建立起可靠的、高效率的出行网络，仍然做到比出租车更便宜。

在中国这个人口密集的市场，互联网企业要想把控流量入口，很重要的手段就是便宜或者免费，这实际上也是最快速、最有效率的手段。在北京，中国优步曾在 2015 年 4 月份推出了人民优步首单一折的优惠活动，后续则推出首单两折和三折等活动。

活动带来了巨大的用户增长，结果导致司机资源相对紧张，而根据 Uber 的"动态定价"机制，"供需不平衡"致使"一折""两折"的车费最终浮动至正常价格的 1.5 ~ 2 倍。但尽管如此，Uber 的每一次优惠活动，仍然都带动了用户数量的爆发式增长。

在初来乍到的中国市场，虽然在"本地化"方面做出了诸多努力，但 Uber 的问题也很多，仍处于混乱、野蛮的生长期，很多方面甚至都比不上它在全球市场的平均水准。比如，由于过于迅速的增长，再加上短期的补贴活动吸引了大量司机加入，导致中国优步的司机水平良莠不齐。而优步方面对司机的审查和培训也常常"偷工减料"：新上岗的司机通常都缺少有效的培训，司机只需递交一些必要的证件，听 Uber 工作人员一个小时左右的 PPT 讲解，只要符合规定的人都可以正式上岗了。甚至线下培训环节也可以忽略，只要观看了在线培训视频，司机就已经可以直接开车上街接单。

于是，很多用户发现，Uber 的车来得很快，司机却经常犯错：除了频繁给用户打电话确认所在位置外，他们还会出现各种各样的问题：

不识路、不会使用手机导航，甚至不会使用 Uber 软件。

问题多多的中国优步仍然发展迅猛，很多人被问到"你为什么还在用 Uber"时的回答都是：因为便宜。可见便宜是一个巨大的驱动力，正是受到"便宜"驱使，才有大量的用户和司机涌入，从而为中国优步建立起整个出行的体系。

总结中国本土企业"接地气"的特征，大致是热衷于补贴优惠去吸引用户，比竞争对手更愿意烧钱，以低价先抢占市场再考虑盈利。而中国优步基本都已具备。

近段时间，Uber 发放优惠码的频率越来越高。甚至开始出现一些微信公众号，专门用于分享 Uber 的优惠码。中国的 Uber 司机获得的补贴稳定地维持在"平时 1.5 倍、高峰期 2 倍车费"的水平。粗略计算，假如平均每位司机每个月获得 5 000 元左右收入，以全国 3 万名司机来算，每个月 Uber 需要在中国市场烧掉数千万元，甚至上亿元。

经过几轮降价，Uber 北京"人民优步"的价格已经降到比易到、滴滴快的、出租车，甚至地铁（多人出行）都便宜的地步：0 元起步价，每公里 1.5 元，每分钟 0.25 元。

人民优步本来是 Uber 在中国推出的公益拼车服务，后来转型为 Uber 中国的主要项目。Uber 在中国市场有意打造人民优步的主导地位，所以用户经常会遭遇这样的状况：打开 Uber，UberX 没车，UberXL 没车，UberBlack 也没车；而选择人民优步，几分钟之内车能到。

"公益""非营利"这些早期的定位早已经被 Uber 放弃，Uber 如今正在以"人民"为名，大力抢夺打车市场份额。

但值得一提的是，Uber 并没有打算将自己变成一个百分之百"接地气"的产品，它的"接地气"，实际上只是策略，而非基因。本质上，Uber 仍是一家激进、充满创新意识的硅谷企业。

所以，无论怎么"本土化""接地气"，Uber 也并未放弃自己身上鲜明的个性。它仍然是一个来自硅谷的企业，很酷，很新潮，很洋气，始终保持活力和创意。

很多用户使用 Uber 是因为它便宜，但也不乏这样的理由：这是一个洋气的高大上的品牌。Uber 深谙用户心理，所以总是致力于在"接地气"和"保持 Uber 范儿"之间做出平衡。仅从外观、设计上就能看出来，本土企业习惯于"接地气"的设计，无论用色，还是风格，都显得大众化，而 Uber 的设计则带着优雅简洁的科技范儿，它并未因为进入中国市场就"入乡随俗"，实际上，竭力保持这种来自硅谷的"科技范儿"，也是 Uber 在中国运营策略的一个方面。包括技术层面对自身独立性的坚持也是如此，如卡兰尼克所说，Uber 进入中国，是希望用技术来改变人们的出行方式，为此，它会坚持自身的产品体系和运营方式，不会做出过多"本土化"的妥协。

尽管在中国建立起单独的体系，誓要扎根于本土，但 Uber 同时也在不遗余力地强调自己的"国际范儿"：和本土打车品牌不同，中国优步的身后还有一个庞大的全球化的打车帝国。

另外，在营销策略方面，Uber 也在保持"Uber 范儿"这方面用力很多。和竞争对手比起来，Uber 团队做起营销活动来，总是创意先行，各种创意点子玩得不亦乐乎，只要和"运送"这一业务相关，就会去各个领域做尝试，这使得他们的活动总是既缤纷、有趣，又能够落地、接近最广大的用户。

但这些活动与其说接地气，不如说玩的就是高大上。叫直升机，叫 CEO，送鲜花、红酒，每一种活动都很酷，合作方通常也很高端，这些都为 Uber 打造出一种西式的有活力、有创意的品牌形象。试想，一款形象品位都很高大上、使用起来又很便宜的产品，是否比一味地"接地气"的产品更能打动你？

从打车到拼车：
低价高效的逻辑永远是对的

效率，作为 Uber 的底层战略，一直被放在极为重要的位置上。Uber 全球 1 200 名技术人员，无时无刻不在为提升效率而努力。而 Uber 设想的"高效率"的理想交通图景是：汽车上路后，几乎不会有闲置的时候，所有的汽车都像流水一样穿行在城市的街道上，由 Uber 的后台统一管理调配。后台通过精确的计算，为每一辆汽车设置接单效率最高、成本（包括时间成本、油耗，以及因信息不对等产生的额外空驶等）最少的路线，让每一位有需求的乘客都能够享受到车辆随叫随到（2 ~ 5 分钟）的体验。这是"供需平衡"的极致，即利用技术、数据、计算等手段，彻底消灭浪费，建立一个畅通无阻、供需无缝对接的交通网络。

Uber 四处收购地图软件，也是基于这一考虑。在路况复杂的大城市，地图技术的重要性超乎想象。2015 年 Uber 和全球高端导航公司 TomTom 的"联姻"，目的就是在司机客户端导入 TomTom 的导航技术，为司机行车提供更精确的导航支持，进一步缩短汽车抵达乘客身边的时间，减少时间成本的浪费。

在中国 Uber 与百度的合作，也有本地地图技术支持层面的考虑。毕竟，相对于谷歌地图来说，无论从本土化，还是从大数据角度，百度在中国肯定占据优势。

更好的技术是 Uber 永远需要和追求的，因为低价高效的逻辑永远是对的。任何产品、商业模式的创新，都必须基于这一点才能赢得用户，获得成功。如 Uber 亚洲运营总监艾伦·佩恩所说："不仅仅是出租车，不管在何种市场，价值、便捷、高效总会让人受益。"

而在这条通往理想图景的道路上，Uber 很重要的一个成果是，2014 年 4 月 5 日在美国旧金山发布并开始内测的新产品线 Uber Pool，针对效率、资源利用和供需分配，这是 Uber 的又一次升级。现实的验证已经出现，目前这款产品在旧金山已经取代原本订单量最多的 Uber X，占到了 Uber 总订单量的 50% 以上。

据 Uber 内部数据显示，通过拼车合乘，Uber Pool 在美国旧金山、法国巴黎等地都实现了相当不错的运营效益：和原来相比，Uber 用同等的车能够满足更多需求，乘客付费几乎减半，司机收入也随之增加。

后来，Uber 将 Uber Pool 这一产品移植到中国市场，于是出现了 2015 年在中国各个城市陆续开通的"人民优步 +"拼车服务。Uber pool 和人民优步 +，产品形态、服务模式都是一样的，只是名字叫法不同。在产品方面，Uber 很少做出"本地化"的妥协或改变，因为这款产品"低价高效"的逻辑在全世界都是通用的。

就像卡拉尼克说的那样："在'互联网 + 交通'的概念中，效率是重中之重。这个效率不仅是指更有效率地花钱，还体现在产品和服务上。比如 Uber 最近推出的拼车服务就是高效的体现。"他不无感慨地说："我没有见过没有交通拥堵的北京，我真是期待这一天的到来。"

在 Uber 为司机制定的规则中，曾经有这样一条："接客户时不允许车内还有其他乘客，一经发现，永久封号。"但这条规定对 Uber Pool 来说并不适用，Uber pool 的规则是："当你打开车门时，发现里面已经坐了一名乘客，和你去同一个方向。这样消费者付的钱少了，每个司机挣的多了。当每一辆车可以服务 30 个人，而不是需要 30 个人坐 30 辆车的时候，交通就会变得顺畅。"

普通的 Uber 是"车主＋乘客"这样的模式，而 Uber Pool 的模式是"车主＋乘客 1＋乘客 2"，它的核心就是多位乘客拼车合乘，共享重合的路程，共同承担车费。

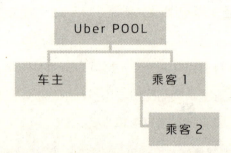

当两位乘客抵达目的地的路线存在重合时，由同一辆车接送这两位乘客，能够有效节省时间成本，更进一步地提升资源利用效率，司机单位时间内能够接送更多乘客，乘客之间能够共同承担车费，这个模式对于司机、乘客、平台三方都是有利的。

Uber Pool 规定，每位用户最多仅可与一个朋友一起登车，为可能到来的拼车伙伴留下足够的空间。Uber Pool 的价格比原来的 Uber 叫车平均便宜 30%，不过由于是实时运算，无法提前预测，因此乘客等待时间比 Uber 长一些。

拼车业务并非 Uber 首创，在美国的一些大城市，由于交通拥堵，早已出现一些致力于为用户提供拼车信息对接的软件，Uber 在美国的竞争对手 Lyft、Sidecar 等也已开通拼车共乘业务。在中国市场也是，除了像嘀嗒拼车、天天用车和 51 用车这样的拼车软件，Uber 最大的竞争对手滴滴快的也开通了顺风车业务。

但 Uber Pool 并非单纯的拼车。通常意义上的拼车，是指有乘车需求的人和能够提供共乘空间的驾驶者之间互相对接信息，在双方自愿的前提下完成拼车行为。Uber 则是由固定的司机同时接送一个以上的乘客。

从技术层面来讲，Uber 来做拼车这件事有着相当大的优势，因为拼车对信息对接技术和数据算法的要求更高，而这恰好是 Uber 的长处。

打个比方，如果只是单纯的叫车行为，平台只需定位车和人的位置，就能够将汽车准确调派至用户身边，所以用户使用 Uber 打车不必输入目的地，但使用拼车服务则不同，用户必须先输入自己的上车地点和目的地，因为系统需要根据用户行程计算最优路径，并实时显示至司机的导航系统，引导司机接单，这样才能够确保高效率的行车调配。这样算下来，Uber 的拼车比单纯叫车复杂多了。

如此复杂的调配，要想保证效率，Uber 应该是最有优势的。设想一下时刻都在收集数据进行运算分析的强大的 Uber 后台系统，好比打开了"上帝视角"，一切接入系统的信息都是实时的、透明的，Uber 的后台高高在上地调配一切，A 地有人叫车，B 地的车空了，供需在它面前都是一目了然的，只需对路况、交通路线、时间、距离做精确计算，就能够达到资源配置的最佳效果。

在中国一些城市，针对实时运算可能造成等待时间长这一缺点，当地的 Uber 团队做了一些优化，他们开通了一种名叫 Uber station 的配套业务。Uber station 相当于 Uber Pool 的"公交站"，一般集中在用户需求比较密集的地点，比如商业中心、住宅区、写字楼等。通过设置这样一些"常用地点"，能够形成一些常用路线，帮助 Uber 后台提高运算速度和调配速度，同时节省司机和乘客的时间。这一配套业务很快被多个城市借鉴。

可以设想，当每个城市的"人民优步＋"运营到一定程度，必然会通过大数据收集到更多信息，从而帮助后台实现预测，包括预测哪些地点、哪个时间段需求最大，这样就能够进一步缩短用户的等车时间，以及缩短司机在路线上浪费的时间。同时，大数据也可以帮助 Uber 系统对每个城市的出行状况进行分析，从而形成相对成熟的调配模式。总之，无论是打车还是拼车，Uber 在一个地方的业务发展越深入、越成熟，就越能提升效率。

"如果司机、消费者、整个社会都受益，我们就可以打败竞争对手，而这样的创新是很难拷贝的，拼车服务的背后需要很多数学上的概念设计，需要下很大功夫。有些创新是肉眼可见，容易复制的；有些是不可见，很难拷贝的。在市场营销、工程、产品等方面，我们会在很多大家看不见的地方去进行创新。"

深入中国市场的 Uber，目前并不打算介入更多业务。Uber 在中国最大的竞争对手滴滴快的，除了打车之外，其业务线已经涉足专车、快车、顺风车、代驾、巴士等业务，对此，Uber 中国区负责人柳甄明确表示，Uber 不会染指这些业务，她认为，"不了解需求的多元化是一种盲目的多元化"。

面对中国这个巨大的市场，Uber 的目标仍然是帮助用户高效率地从 A 点抵达 B 点，柳甄说："从 A 点到 B 点，这是一个最基本的需求。目前优步对于中国市场的专注点，就是怎样在 5 分钟之内有一辆车到达你面前，实现经济、可靠的出行目的。"

不仅在中国，Uber 在目前已经进入的近 400 个城市都是如此，尽管具体运营方式各有不同，但除了自己拿手的业务，Uber 从不盲目扩张产品线，它在部分城市延伸出来的 Uber 快递、送餐等业务，其本质也是高效率地从 A 点抵达 B 点，只不过打车业务送的是人，而其他业务送的是物。

靠各种手段占据市场只是发展的必经之路，对于产品和企业的未来而言，关键在于找到这个答案：什么才是打车产品留住用户真正的"杀手铐"？

　　某位用户出于尝试的心理，手机中同时装了好几个打车软件。有一次他去外地出差，打开 A 软件叫车，等了半天没人应答；打开 B 软件叫车，地图上显示有很多汽车标记，但在他的附近却几乎没有车；最后，他打开 Uber，地图上精确地显示出离他最近的几辆车，不到 5 分钟就叫来了一辆。回去后，他立刻把其他软件都卸载了。

　　这只是个例，却是一个真实的个例。从长远来看，便宜，个性化，体验号，服务好，这些都不是关键，Uber 一开始的确是以"便宜"吸引了大量用户，但实际上它追求的答案是：随时随地都有车。在 Uber 看来，谁越接近这个理想状态，谁越有可能在这个市场胜出。

　　Uber 在产品方面建立起一个复杂的系统，创造出毁誉参半的"游戏规则"，就是为了接近这个理想状态。

　　来看一个例子：用户打开软件叫车，地图显示他的附近有 2 辆车，A 车距离 200 米，B 车距离 700 米，单从距离看，当然是 A 车更近，但考虑路况和其他情况，就不一定了。假设 A 车是在马路对面，行驶方向恰好和乘客要去的方向相反,而 B 车是在马路一侧,行驶方向相同呢？A 车开到前面再调头，遇到红灯等待或者堵车的话，肯定还不如 B 车来得快。

　　在这种情况下，假设用户使用其他软件叫车，很可能遇到的情况是无人应答，或者应答的是 A 车，结果因为堵车，用户得等上十几分钟，只好取消叫车计划，选择其他交通方式，即使不堵车，A 车抵达的时间也会因为路况问题，比 B 车更慢。而使用 Uber 的情况就变得相对简单了：首先只要叫车，系统肯定会自动接单，然后在派车时，系统会根据地图数据和综合算法，自动给出最佳配置。

　　只要拥有一个城市长期的、实时的路况数据，就足以让 Uber 的后台系统在任何情况下做出最佳判断。比如用户晚上 12 点叫车，理想状态下，系统首先可以预测出这个时段堵车的可能性，也可以根据大数据预测用户所在地的堵车概率，同时还可以根据实时接收的路况信息，确定用户的所在地，以及司机的行驶路线是否堵车，从而达到最优调配和规划。

随时随地都有车的意思就是，无论时间是高峰期还是非高峰期，无论地点在哪里，只要叫车，一定应答，并且一定在最短时间抵达。因为 Uber 依靠的是数据和计算机，而不是人的主观判断——而这正是 Uber 抵达未来理想图景的关键。

9
PART
未 来

未来的魔力在于
把时间、瓶颈感、喜悦感和钱带给用户

2015 年的平安夜 Uber 迎来了自己第 10 亿单的生意，创造了新的里程碑。进入 2016 年，Uber 最新估值已超过 600 亿美元。

这一超高的估值，很大程度上是基于投资人对 Uber 未来的期待值。

未来的 Uber 将是什么样子呢？比起当下集毁誉于一身的"全球打车帝国"，未来，或许才是 Uber 最激动人心的话题。

在卡拉尼克的描述里，未来的 Uber "从运送人开始，也可以运送其他东西"，他说："我们对一切都是开放的。这让你能一窥我们的愿景——如何看待世界以及未来的发展方向。"

在接受 Fortune 采访时，卡拉尼克说得更明确：Uber 未来的业务是"用户需要的时候 Uber 马上满足他们的愿望"，而且要求采取的方式要多样化。

要做到这一点，就必须预测用户未来的需求，而不是等待用户自己说出来之后再实现。事实上，用户通常也不知道自己的未来需求是什么，但大数据能够看到这一点。

所以，Uber 对于用户未来需求的判断，以及对于自身未来的规划，实际上是基于自身的竞争优势：大数据的积累、分析、利用。

如卡拉尼克所说，Uber 的竞争力就是数据，一套"用户通过交通工具完成一件事"所产生的数据。一旦 Uber 拥有了海量的、长期的用户数据，一旦出行或其他需求的路线信息（频率、时段、地点）像网一样交织覆盖整座城市，Uber 就能够将"预测"的触角延伸到每一座城市的每个角落。

为什么 Uber 从打车业务延伸开去，最先做了快递和送餐业务？因为大数据告诉 Uber，这两类业务需求最大，增长潜力最大。

卡拉尼克曾说："在 Uber，我们把魔力分解为四个环节，第一个环节，你有没有把时间归还给别人；第二步，你有没有把瓶颈感带给别人；第三步，你有没有把喜悦感带给别人；第四步，你有没有给他们更多的钱。如果，同时四步都做到了，你就在一个魔力之中了，你创造的东西就是真正有魔力、真正能够转化的。"

时间　　瓶颈感　　喜悦感　　钱

"为了创造魔力，我们必须创造未来，你要能够看到未来，才能创造别人看不见的东西。当你看到魔力的时候，你就知道你身处魔力之中了。"

卡拉尼克在 Quora（一个问答 SNS 网站）上曾经谈到自己对 Uber 未来的具体设想："如果你饿了，你是不是想马上得到你最喜欢的食物？但你得排队去买，而且如果你买到的食物没有你想象的那么完美，你以后可能就不光顾那家店了吧？当然，你还可以打电话预订送餐上门，但卖家不会提供实时信息追踪，好让你确认交易是否正在进行。"

卡拉尼克在暗示，假如 Uber 来做这件事呢？一切将如同用 Uber 叫车一样简单。Uber 打车业务能够通过数据提前预测乘客需求，用最快的速度将最近的车匹配给乘客，Uber 的其他延伸业务（如送餐）也能够通过数据向用户匹配最佳选择，然后以最快的速度将距离最近的车以及食物派送给用户。同样，假如你想送个包裹给住在另一区的朋友，也可以选择招个 Uber 司机过来取包裹之后送递。

不管送什么，对 Uber 来说都没什么区别。因为在整个过程中，Uber 其实只需要做一件事，那就是信息的合理匹配。想一想，Uber 在各个城市的营销活动，为什么能够那么丰富，几乎每周都能推出一个新的活动？因为这些活动听起来很高大上，操作起来却很简单，比如一键叫直升机、一键叫猫咪，只不过是将 Uber 平台连接的另一端由汽车改成直升机或者猫咪罢了，Uber 团队需要做的事情，仅仅是谈谈合作条件，策划一些细节。

这些延伸出来的服务类别，和 Uber 叫车一样，有着相同的流程，同样基于信息的实时匹配。在卡拉尼克看来，Uber 不是简单的出行助手，它实际上是一个"一站式的交通工具解决方案"，在任何领域都能够进行复制和更新。换句话说，今天 Uber 可以在 5 分钟之内将一辆车送到需要用车的人们面前，未来的 Uber 当然也可以在 5 分钟之内将任何东西送到任何有需求的人身边。因为任何关于出行的连接，本质上都是信息的连接，而这正是 Uber 最擅长的事。

5 分钟之内送达任何东西，听起来简单，做起来相当不容易。用户是分散在各地的，用户需求也是，如何组建起一支随时随地抵达的"队伍"，仅靠密度，成本太大，必须依靠数据，依靠对数据的分析和运用，事先就了解好需求。

所以，说到底，Uber 的最大价值就在于它的整套产品体系，以及这套体系所指向的未来的可能性。

在 2015 年 11 月的 At Sea 峰会上，卡拉尼克在和谷歌母公司 CEO 埃里克·施密特的对谈中说："如果有一天，一辆完全获得许可的 Uber 汽车出现在这里，那么你可能会和其他的 30、40 人共享这辆车，而不是30、40人有30、40辆车。"

这样的未来令人心动。因为目前城市交通的现状正如加利福尼亚大学戴维斯分校丹·司珀林教授在新作《20亿辆车》中说的那样："今天有10亿辆车在路上行驶，而在今后的20年里这个数字将达到20亿。"世界各大城市之所以都有很严重的交通拥堵问题，其中很重要的一个原因就是巨大的私家车持有量。相关调查显示，一辆私家车全天使用时间平均只有5%左右。全世界各大城市建有无数个巨大的停车场，用于汽车在闲置时间的停放。设想一下，假如有人能够将这些闲置的资源利用起来，会产生多么巨大的经济价值？

资源的闲置，即意味着没有物尽其用。一辆被闲置的私家车也是如此。资源一旦闲置，就不会产生价值。

很多人怀疑Uber的高估值是互联网泡沫，其实单从它对闲置资源和碎片化时间的整合来看，Uber已经为社会带来了实实在在的价值。闲置的资源不会产生价值，一旦利用起来，立刻就是价值。在每一个时刻、每一个地点，都有闲置的车和闲暇的人，在Uber平台上和需要使用资源的人进行实时信息对接，每一台闲置的车被使用，满足了另一个人的需求，这本身就会产生经济效益。

Uber希望在未来能够降低汽车保有量，用更少的车实现为任何用户提供"一站式"交通解决方案的愿景。卡拉尼克给投资人讲的未来"故事"也是这样：Uber未来会是一个为各行各业解决交通调配的数据公司。

未来的Uber打算用"租"的理念改变出行方式，现在Uber的业务已经开展到类似叫冰激凌车、直升机、冷冻车这样的各类商用交通工具，为人们提供各式各样的服务。比如得克萨斯州的人喜欢烧烤野餐，这种时候通常需要去买一辆或者借一辆烧烤车，而Uber为他们提供了一整套的租赁解决方案，非常方便。

只租不买，正是"共享经济"理念的典型表现。新一代在互联网时代成长起来的年轻人，很多都信奉这种生活态度。他们不买报纸、不买杂志、不买纸质书、不买播放器、不买唱片，甚至不买房子、不买车，因为在互联网连接一切的世界里，不需要拥有这些，也可以获取资讯、文字内容、音乐、视频，也能通过网络随时预订世界各地房子的使用权和汽车的使用权，过上便利的生活。

经济学家们对共享经济模式的定义尚无定论，普遍的看法是，如果所有人都只租不买，恐怕会对经济产生不利影响，但以长久的眼光看，它对经济发展是有益处的。

房屋共享网站 Airbnb 的一项调查显示，在旧金山市，Airbnb 已经创造了一种"溢出效应"：由于游客使用 Airbnb 住宿的租金低于酒店费用，这导致游客在旧金山市的逗留时间更长、花费的钱更多，为当地经济做出的"贡献"也更多。有14%的 Airbnb 用户表示，如果没有 Airbnb 房源，他们甚至都不会考虑来旧金山市游玩。

Uber 也同样在一些城市创造了"溢出效应"，如西雅图，自从 Uber 出现之后，这个城市的酒驾降低了10%；另外在芝加哥有一项数据显示，Uber 进驻后，由于不收现金，针对司机的犯罪率减少了20%。

而在曼哈顿，相关调查数据显示，Uber 进驻后，乘客数量整体有了增加，这意味着以前开车出行的人，也开始使用 Uber 出行，Uber 给交通、资源利用、就业，以及当地经济带来了良性的影响。

至于未来，Uber 的目标是让用户能够用同等的资源去做更多事情。一个人拥有一辆私家车，他在一个时间段只能做一件事情，开车去购物，就不可能同时去接送孩子，但使用 Uber，就可以通过叫来不同的车辆同时解决所有问题。

想象一下，像自来水一样在城市道路上不停流动的 Uber，总能以最快的速度及时出现在你需要的地方，帮你接送任何东西，而且因为对资源的高效利用，以及信息的无损对接，使得成本降低，用户支付的价格很便宜，这难道不是非常理想的未来生活？

　　Uber 试图将这种生活方式的可能性传达给用户，并且正在将它变成现实。

做产品不是一场民主选举，
98：2才能取胜

据耶鲁大学教授理查德·福斯特统计，在20世纪20年代，标准普尔500强企业的平均寿命为67年，而在21世纪，其平均寿命下降到了15年。

也就是说，在当下，企业更新换代的速度正在前所未有地加快。造成这一现象的原因，和科技更新换代的速度有很大关系。从使用胶卷相机到数码相机，从使用手机通话到使用手机做一切事情，管中窥豹，也足以看到人们的生活方式已经一变再变，创新的创业模式也一再涌现，这是一个颠覆已成常态的时代。

凯文·凯利说得好："中国的百度、阿里和腾讯都陷入了垄断争议，美国的亚马逊和谷歌也都被质疑涉嫌垄断。我想说的是，通过短暂的垄断能降低用户使用成本，能让更多的人通过互联网公司的平台致富，这是一件很好的事。互联网行业的垄断跟其他行业的垄断有很大差别，互联网的垄断局面不会持续太久，因为很快会有新的科技公司兴起，替代旧的巨头。就像我们看到微软被质疑垄断没几年，谷歌就出现了。"

互联网行业的"垄断"很难持续太久的原因就在于此。在这个时代，颠覆太容易了，也太迅速了。举个例子，互联网企业能够在别人赚钱的地方免费，仅这一条，就足以打破无数个传统行业的利益链条。比如微信、WhatsApp 对电信运营商的冲击，小米、乐视等互联网公司对手机、电视厂商的冲击，都是如此。只要有哪怕一点点创新，都很容易在短时间内聚集巨大的变革力量，颠覆整个既有行业。

而且在互联网时代，有一个特殊现象：真正的颠覆者往往来自行业外。这一点凯文·凯利也曾提及："不管你们是做哪个行业的，真正对你们构成最大威胁的对手一定不是现在行业内的对手，而是那些行业之外你看不到的竞争对手。"

很多时候，行业内的竞争者不是最可怕的，至少大家都是按照相同的规则来生存竞争的，对手出什么牌，很清楚。最可怕的是外行人毫无规则的颠覆。因为外行人完全不按照你理解的方式生存，他们一上来就改变了行业的商业模式和竞争规则，相当于一个搅局者，把整个行业生态环境搅得天翻地覆。

Uber 也是从出租车行业之外"入侵"的，以"外来者"的身份短时间内就对这一行业造成了巨大打击。来自互联网的外行人之所以能够"干掉"传统行业的内行人，是因为这些互联网企业找到了传统行业价值链条当中低效率的部分，然后利用互联网思维和技术工具重构了价值链条，因而也就重构了传统利益的分配模式。正如马化腾在腾讯企业内部讲话时所说："互联网在跨界进入其他领域的时候，思考的都是如何才能够将原来传统行业链条的利益分配模式打破，把原来获取利益最多的一方干掉，这样才能够重新洗牌。"

Uber "洗牌"整个打车行业，也是基于对传统出租车行业利益分配模式的颠覆。

传统出租车行业是靠卖牌照和收取租金赚钱，说到底这是基于占有固定资源的前提才能实现，而 Uber 一上来就不遵守这一套规则，它做的就是技术活儿"信息连接"，它面对的资源不是一些经过注册和接受监管的车辆，而是所有在路上行驶的汽车，而且它不占有这些汽车，只是给它们提供信息的对接平台。首先，这个市场的体量就是不同的，Uber 根本不需要占有资源就能够赢利。它不收固定费用，而是靠收取每一笔交易的赢利，这意味着交易单越多，Uber 挣得越多。基于这种赢利模式，Uber 就能够进入一种非常良性的运营模式，只有让乘客、司机、平台实现共赢，才能成功。这和传统行业靠压榨司机和乘客获取利益的赢利模式截然不同。

传统行业不肯放弃原有利益，很难实现自我转型，最终的结果只能是被"外来者"颠覆。这并不能完全怪传统行业故步自封、不思进取，现实状况是，即使它想要进取，也很难摆脱原有商业模式和利益结构对自身的捆绑和限制。

而作为"颠覆者"的 Uber，自身也时刻面临管理学大师克莱顿·克里斯坦森提到的"创新者的窘境"的危险，即技术领先的企业在面临突破性技术时，因为对原有生态系统的过度适应而遭遇失败。不做自我限制，始终创新并且创造价值，是任何一家企业在互联网时代发展壮大的重要前提。作为企业的创立者或管理者，应该时刻做好这样的准备：保持颠覆性。要么颠覆别人，要么主动颠覆自己，否则就只能等着被新的产品或技术所颠覆。

为了不至于在发展过程中被新的"外来者"颠覆，Uber 在这方面一直很清醒，从未停止创新的步伐。刚成立时，它只是一款方便人们叫车的软件，如今它正在不断研发出更多产品，试图利用大数据和独特算法的优势，将互联网的高效率应用至各类使用场景，真正让科技改变生活。

98　　2

卡拉尼克也常说:"这不是一场民主选举,而是一个产品,51∶49不是胜利,只有98∶2才能取胜。"对自身产品的创新和精益求精,对产品未来可能性的不断探索,实际上都是基于这样一种随时有可能被"外来者"颠覆的危机感。

纵观Uber的发展史,没有一次动作不是在做"颠覆"。首先是它的创立。使用移动互联网工具叫车,这本身就是互联网行业对传统出租车行业的一次颠覆和搅局。

其次是Uber自身的转型。最初Uber是和租车公司签订协议,用于叫车,而且一开始它瞄准的是高端市场,以豪华汽车为卖点。这个产品以互联网技术为工具,让叫车变得更便利,但实际上并未彻底颠覆传统租车行业的商业模式。直到后来转型为用平台连接闲置的私人汽车资源,以便宜、高效为卖点,介入中低端打车市场,这才完成了Uber的颠覆之路。

随后,Uber的商业模式和商业理念也开始转变:打车行业只是入口,发展至今,Uber最终的愿景已不是成为最大的打车服务公司,而是一家物流公司、交通调配公司。

Uber自创立之初,一直依赖谷歌地图和导航、定位技术,早期也依赖谷歌提供的时间算法对汽车抵达时间进行预判,但从Uber这几年的动作可以看出,它正在为逐步脱离单一的技术依赖而努力颠覆自己,具体来讲,就是整合垂直的产业链。Uber收购微软的部分地图业务(包括100名工程师),收购地图及搜索创业公司deCarte,包括与百度的战略合作,与全球高端导航公司TomTom的"联姻",都是出于垂直整合产业链上下游的考虑。

这样做的目的是建立起自己的竞争壁垒,获得更强的控制力、创新力和更多的选择权,同时也是通过不断追求创新和进步,准备好自我颠覆的条件。

互联网产品在最早期，往往将产品打磨得很单纯，仅专注于用户的一个或几个痛点，直到后期才会开始以用户为基础进行"水平跨界"，衍生出与产品相关的增值服务，并购相似业务，开展类似的可替代业务。

Uber "水平跨界"，也是对自身的一种颠覆。同样，它也是基于自身的商业模式来展开。Uber 的平台模式是一个很大的优势，而且它又是按需分配，以此为核心，让所有资源在平台上实现连接，那么从理论上来讲，Uber 就可以跨任何领域。按照这个逻辑，Uber 开发出了一系列新产品，包括 UberRush、UberEATS、UberBoat、UberChopper、UberKitties、UberBBQ 等，同时，Uber 也积极与地产商、物流商、各类品牌商、互联网产品或各类平台展开合作，以求随时准备突破自身。

"消灭"司机
让所有人变成乘客

据《德国经理人》杂志报道，Uber 刚刚与梅赛德斯－奔驰签订了 10 万辆 S 级汽车订单。这一举动引发了各界不少猜测，人们认为这是 Uber 公司进入无人驾驶领域的又一次尝试。

尽管梅赛德斯－奔驰 S 级轿车目前尚不具备无人驾驶的功能，但它提供了驾驶员辅助功能，可以实现盲点监测和车道保持。科技网站 engadget.com 分析称，Uber 很有可能打算利用自身的技术优势在奔驰 S 级的基础上建立新的智能系统。

放眼世界，无人驾驶这一领域的先行者当属 Google 公司。早在 2014 年，Google 就公布了自产的无人驾驶汽车。当然，离无人驾驶技术的普及，即使是 Google 也还有很长的路要走。

就像此前弃用 Google 的时间算法，自行组建团队研究一样，Uber 也没打算坐享 Google 未来的创新成果。从一开始，Uber 就打算自己单干。

2015 年，Uber 正式宣布打算自造无人驾驶汽车。随后，拿到新一轮融资的 Uber 挖走了卡内基·梅隆大学（CMU）机器人研究中心（NREC）的整个研究团队，并且在这个研究中心附近搭建起了一个 5 3000 平方英尺①的技术中心，打算专攻无人驾驶技术。

---

① 1 平方英尺 ≈ 929.030 4 平方厘米。

CMU 对 Uber 而言，毫无疑问是一个最佳选择，这所学校在自动驾驶车辆设计上成果丰硕。2004 年 DARPA 举办其首届 Grand Challenge 挑战赛时，CMU 团队携自行研发的自动驾驶车辆参赛。当时 CMU 带去的是一辆叫作 Sandstorm 的悍马，在 150 英里总长的赛道上跑了 7.4 英里。经过这次比赛，CMU 确立了在业界的地位。来年，CMU 的两辆车又分别斩获第二和第三名，以数秒之差败给了斯坦福。两年之后 CMU 重返赛场，最终在 DARPA 城市挑战赛击败了斯坦福，并且首次将无人驾驶汽车带到城市道路上。

耗费巨资的动力源于 Uber 对未来的展望和布局。未来，Uber 希望自己能够成为一个无人驾驶车公司。这种希望不仅仅是 Uber 创始人、团队对技术进步的"沉迷"，以及对未来建立起更高效的产品体系的期待，更是出于现实利益的需要。

司机是 Uber 最大的成本开支。卡拉尼克早就这么说过："Uber 之所以这么贵，不是因为车，而是因为车中的人。当无人驾驶汽车普及后，打车所需的费用甚至要比你购买一辆车自驾所花费的还要低，而到时汽车的所有权将会消失。"

实现这一未来前景的前提是："消灭"司机。作为这个估值 600 多亿的企业商业结构中最昂贵的部分，一旦消除，不仅能够压低 Uber 每英里运营的价格，并且可以减少司机在服务过程中带来的诸多棘手问题。

没错，对 Uber 而言，司机不仅是最昂贵的成本来源，同时也是麻烦的来源。

一直以来，Uber 为人诟病的安全问题，根源其实就是司机这一群体的存在。无论是印度的性侵案，还是美国的枪杀案，所有关于 Uber 的犯罪事件都是司机犯下的。而要想对庞大的数以百万计的司机进行毫无漏洞的监管，这是一件谁也无法搞定的事。

无人驾驶为 Uber 指出了一个令人心动的未来：

没有司机，没有高昂的人力成本，不用再使用各种手段和保障措施来解决乘客的安全问题。未来 Uber 的所有资金都可以投向提升效率和创新产品方面，而不用再支付给一个庞大的、不断要求更高待遇的群体。

正是以此为动力，Uber 开始斥巨资在这一领域进行研究。Uber 发布这一消息的过程很戏剧性，当时，恰好 Google 放出消息，说自己打算开发一个像 Uber 一样的软件，于是 Uber 针锋相对地在一周后发布消息称，Uber 将独立进行无人驾驶技术的研发。

不止 Google 和 Uber，目前，奥迪、梅赛德斯－奔驰、宝马、特斯拉等龙头车企和汽车行业供应商博世，都在致力于无人驾驶或半自动无人驾驶技术的研发。

未来这片领域谁主沉浮，此时还不得而知。Uber 基于利益考虑，无论如何都想早一点占据先机。况且，不断融资、财大气粗的 Uber，完全有能力支撑起这个"烧钱"的项目。

说它"烧钱"，不仅仅是因为它需要巨大的场地、人员、设备等投入，更是因为没有人知道它什么时候才能成功。

法国巴黎银行的分析师预测，到 2020 年，无人驾驶技术市场规模将达到 250 亿美元（约合人民币 1 616 亿元），汽车智能将成为"关键的差异化因素"。但他预计，完全无人驾驶汽车要到 2025 或 2030 年才能上路，部分原因是监管障碍。

宝马曾在 2015 年宣布，他们将与 Uber 展开竞争，推出自己的打车服务。"价值创造正在从硬件向软件和服务转移"，宝马的新任首席执行官哈拉尔德·克鲁格表示，这种转变将加快电脑驱动的无人驾驶车辆的出现，因此，宝马正在投资这一专业领域的软件和技术。

卡拉尼克则说："我们希望拥抱未来，而不是去抵制技术。以前我们有马车，后来发明了汽车。无人驾驶将是未来的发展趋势，这意味着几年之后，汽车里没有司机了。现在每年都有数百万人死于车祸，人们把巨额资金耗费在汽车能源上……未来，无人驾驶新能源车将逐渐减少污染，减少死伤的概率。车上路后会对道路旁边的景物建立 3D 地图，并知道如何行驶、导航。我们有几百人的技术团队在开发无人驾驶技术。谷歌、特斯拉、苹果和其他汽车制造商也在试图进入这一领域，但没有人知道什么时候能真正应用。有人说 5 年、10 年，也有人说 15 年，我认为可能是这中间的某一个点。"

也就是说，有 5 ~ 15 年的时间，Uber 打算一直在这一领域进行投入，只为了换取那个"美好"的未来：人们不再需要买车，叫 Uber 就足够了，Uber 也不再需要司机，只需要技术和算法就可以把任何一辆车高效并且低成本地派去任何一个需要它的人身边。

很多人问卡拉尼克：淘汰了司机，和 Uber 签约的司机怎么办？卡拉尼克的回答很冷静，他说："你瞧，这就是这个世界运行的方式。如果 Uber 不去向那里，那么自身也将不复存在。这个世界并不总是那么的美好。"

技术的进步也好，在各个领域追求颠覆性的创新也罢，目的都是创造更多价值。这是一个不可阻逆的过程。当初汽车普及的时候，那些被淘汰的马车夫后来怎样了呢？这个世界的运行方式是进化，而进化产生的价值，最终都将惠及全人类。而 Uber 在这个过程能做的事情，最多是帮助它的司机转型去从事其他职业，而不是停止推动这一科技发展的趋势。

Uber 的合作者 MITSenseable 城市实验室专门从事城市数据的可视化研究，简单来讲，在这个实验室里，你可以如同上帝一样，看到所有物品或人行进或移动的路线可视图，比如旧金山一台废旧打印机在被丢弃之后，被运往东海岸又折返西南的路线图，比如纽约曼哈顿地区的出租车在晚高峰时段的行驶路线图。

"如果自动驾驶技术和拼车同时普及的话，我们只需要20%的现存汽车，就可以完成目前城市的交通需求量。"实验室的负责人卡罗·拉蒂说。Uber 追求的就是这样的前景，通过改造交通方式，改造一切与出行、运输、物流有关的行业，进而改造人类的生活方式。

"有朝一日，也许世界上所有人都会变成乘客。"Lyft 联合创始人约翰·齐默说。这正是 Uber 期盼的未来。看看 Uber 的产品模式就能够明白，对于 Uber 来说，无人驾驶技术简直就是"东风"：Uber 的技术和大数据保证了它能够以"上帝视角"进行运转，同时带动全球上百万的订单、亿万级别的车和人，同时对这一切进行合理的、高效率的调配，而通过对汽车的调配，Uber 也能够实现各种物品的运送，而在这一切过程中，司机都是一个可有可无的存在。他们存在的唯一理由就是汽车需要人来开动。所以，正是因为拥有这种极端标准化的产品模式，Uber 才会如此热衷于无人驾驶技术的开发。无人驾驶就是 Uber 理想中的未来，对于它来说好比万事俱备，只欠东风。

Uber 自身的存在就是一个靠技术手段改变一切的典范。无论是对出行方式的改造，还是对打车行业商业模式的颠覆，影响早已造成，"消灭"司机，只不过是 Uber 在这条路上的下一个"里程碑"。

Uber 不是一个孤立的 APP，
而是场景中的功能

  作为一款打车应用软件，Uber 可以说从未停止"折腾"。这不仅是指它一直在和全世界的既得利益群体"战斗"，和竞争对手"撕咬"，也不仅是说它不断创新技术、追求自我颠覆，更重要的"折腾"其实来自产品层面。

  因为说到未来，最大的可能性当然来自产品。产品层面的创新才是一切理想未来的前提。

  Uber 自己很明白这一点，所以才不断通过各种活动，试图探索 Uber 在产品延伸层面更多的可能性。

  夏天，用户打开 Uber 软件，会看到"一键叫冰激凌"的选项；

  情人节，打开 Uber，会发现新增的 Uber Sky 服务，专为情侣量身定做的"天空示爱"活动；

  各种节日，打开 Uber，会有"一键送花"选项；

  圣诞节，打开 Uber，发现还有"一键送红酒"服务；

  ……

  这些都是 Uber 的营销手段，但也可以说是一个个的 Uber "使用场景"。

"示爱"活动不会在万圣节的时候上线，冰激凌也不可能在冬天配送，创意固然重要，对使用场景的精准描绘和呈现也很关键。换句话说，在恰当的时间、恰当的地点，推出对用户吸引力最大的使用场景，这一方面是为了达到最佳营销效果，另一方面也是为了对 Uber 未来有可能实现的业务进行试验。

在移动互联网时代，在以"社群"和"连接"为载体的传播环境里，"场景"俨然已经成为重要的产品入口。这是由移动互联网的特性和特殊的生态环境所决定的。

互联网刚刚兴起的时候，"场景感知"并没有受到重视，因为 PC 端的应用场景并没有太大区别。但是移动互联网兴起后，情况发生了改变。

过去，我们被固定在 PC 端，无所谓什么使用场景，因为身处的场景只有一个，那就是坐在电脑前。如今，我们可以随时随地用手机（或其他移动设备）访问互联网。手机应用的场景五花八门。在这个随时随地多屏幕在线的时代，"场景""使用情境"正变得比以往更加重要。

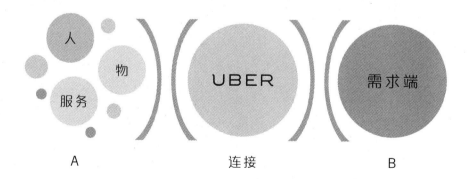

A　　　　　　　连接　　　　　　　B

移动应用是非常讲情境的：在 ×× 情境下，你可以用我们这种服务来完成你的所需，这类推广话语和营销形式会得到很强的呼应。打个比方，一款音乐软件在描述使用情境时会进行细分：在上班路上听什么音乐，工作学习时听什么音乐，深夜听什么音乐，因为对用户来说，塔他的生活中、使用场景中，的确会出现这样的情境。当他处于那个情境中时，就会产生对产品的联想和需求。

Uber 也是如此。作为一个移动应用，同时作为一个移动的连接平台，以"按需分配"为核心连接无处不在的用户与资源，可以想象，足以衍生出无穷无尽的"使用场景"。这也正是它的"营销场景"能够如此五花八门的原因。

对"场景"入口的争夺，也是 Uber 不做广告的理由之一，因为对一款移动互联网产品而言，产品的说服力并非来自简单的宣传推广手段，重要的是占据用户的生活场景，为用户提供某种场景之下的第一选择。因此，场景（使用情境）描绘或呈现，才是增强说服力的最有效的方法之一。

功能和用户使用之间存在一个环节：什么时候，什么场合会用到。功能描述，用户只能自己去想象时间、地点和使用场景，而情境描述直接命中，立刻就能激起共鸣。你需要说服用户使用一款新产品，与其枯燥地描述产品特色，不如这么说：未来，在 ×× 时间、×× 地点，用户需要做 ×× 事的时候，可以选择使用这款产品，使用场景是这样的……这种描绘一听就懂，而且能够让听者产生视觉联想。

比如，同步云端存储应用 Dropbox 专门做了一个情境展示的视频来介绍自己的服务：什么情况下，你会用到 Dropbox？观看者频频被击中：没错，就是这个时刻！同样，Uber 开放场景入口，以及策划那些五花八门的营销活动场景，目的也是击中用户：没错，这个时候我可以用车！

Uber 早期的口碑，很多都是场景的描绘："下班叫一辆 Uber 回家"，"高峰期打不到车"，"叫一辆 Uber，结果叫到了奔驰和高富帅"……这都是典型的 Uber 使用场景。

类似的故事场景也有很多：经过一天的忙碌，用户 A 决定下班时打开 Uber，载几个附近的乘客再回家。他不是出租车司机，但打过他顺风车的乘客已有数十人。对他来说，开 Uber 不为赚钱，而是一种排解压力的方式。他喜欢和不同的人聊天，同时通过 Uber 获得了意料之外的收获，为公司招来了几个优秀的工程师和设计师——假如你也身处这些场景中，那就很容易产生使用 Uber 的需求。

具体来讲，Uber 的"营销场景"是由这个公式实现的：产品的功能属性 + 连接属性 = 新的场景体验。用户的每一个生活场景，只要和出行、物流、位置的移动相关，都能够利用 Uber 服务来实现。Uber 正是因为意识到这一点，所以才通过营销手段不断试错，希望通过这些五花八门的试验，找到能够变现商业价值的新的产品使用情境。

Uber 平台连接的是用户与资源，换个角度来看，也是连接人与场景：什么样的场景之下，人们需要 Uber 的服务。如果连接不同资源，就能够形成不同的场景体验。比如，Uber 汽车 + 餐厅资源，可以实现送餐服务；Uber 汽车 + 品牌资源，可以实现购物和递送服务，等等。当这些场景无限多时，Uber 就有可能在用户之间，在网络上制造出千万条抵达自己的"路径"。

2014 年，Uber 开始面向第三方 APP 开放 API，将按需用车功能整合进 11 个合作 APP 中，它们包括 Expensify、Hinge、Hyatt Hotels & Resorts、Momento、OpenTable、Starbucks、Tempo、Time Out、TripAdvisor、TripCase 和 United Airlines。

这样做的目的很明显，11 个 APP，就相当于为 Uber 增加了 11 个场景入口，用户能够通过这些 APP，从不同场景进入 Uber。

开放 API，是 Uber 开放自身场景入口的最佳方式。2015 年 9 月 25 日，Uber 宣布对中国的开发者开放 API 接口，目前，百度地图、渡鸦科技以及穷游网，已经作为首批开发者接入。紧接着，Uber 和阿里巴巴旗下移动办公平台钉钉达成战略合作，Uber 中国正式成为钉钉认证企业客户，并将向后者开放 API 接口。这意味着钉钉现有的超过 85 万家认证企业客户，未来使用钉钉 APP 就可以接入 Uber 的打车服务，同时也意味着 Uber 在 40 多个国家开展的 U4B（Uber for business）业务即将正式进驻中国。

U4B 是 Uber 最早于 2014 年 7 月在美国和加拿大推出的业务，目的在于帮助企业减少员工出行费用。截至目前，U4B 已经进入 40 多个国家，包括美国银行、高盛在内的 5 万家企业已经加入该项目。

企业加入 U4B 之后，可以在一个操作界面统一管理员工行程，设定上车时间、地点。通过企业统一账户，员工可进行公务出行，简化报销流程。一份在美国所做的调研结果显示，仅此一项，每年每名员工就可以为企业节约 1000 美元的成本。

Uber 开放 API 的目的，是希望通过合作伙伴到达更多场景下的潜在用户，如旅行者、外出用餐者、出差的商旅人士等等。打个比方，用户可以在订餐平台 OpenTable 上订餐后，顺便打一辆 Uber 去餐厅，在凯悦酒店的 APP 上预订了房间后，也可以顺便打一辆车去酒店，在美联航的 APP 上预订航班后，则可以叫车去机场——任何需要用车的场景，都能够匹配 Uber 的 API。

此外，Uber 的 API 还进行了一项名为"Request endpoints"的更新，第三方应用开发者可以直接将 Uber 的功能集成在它们的应用中，用户只需绑定 Uber 账户，就能够完全脱离 Uber APP 叫车。此前，当用户在 Google Maps 上查询步行路线或公共交通信息时，屏幕下方会出现一个"Get a Uber"的选项，只要用户手机中安装了 Uber 软件，就可以直接通过 Google Maps 应用叫车。

现在，用户可以不用下载 Uber，就能享受到叫车服务。

Uber 的一篇博文中设想 Uber 的未来场景，比如一个日历应用，Uber 的车可以设置在任何时间节点自动激发，可以设定在用户最后一个会议后自动安排一辆车等待用户,或者用户直接通过短信息叫一辆车。
Uber 不是一个孤立存在的 APP 产品,而是存在于场景之中的功能,只
要用户需要,在庞大的移动互联网世界中,Uber 有可能出现在任何地方,
真正实现卡拉尼克所憧憬的未来:无处不在,有求必应。

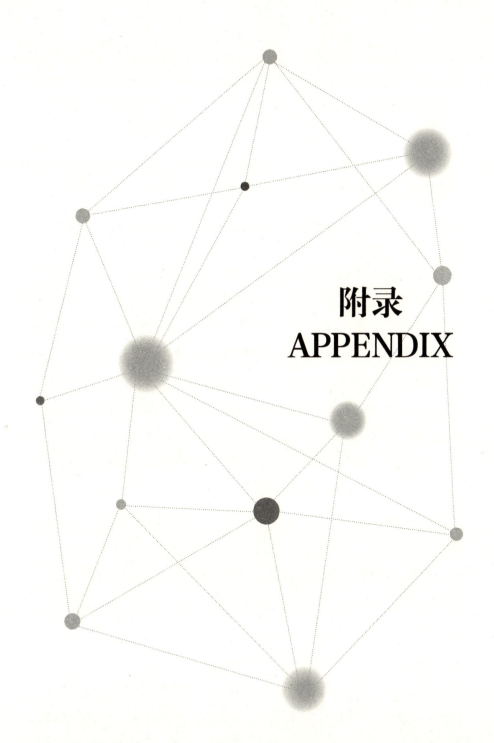

附录
APPENDIX

Uber 五周年致辞

2015 年 6 月 3 日 Uber 五周年庆生会特拉维斯·卡拉尼克的致辞

　　就像莱恩·格拉夫（Uber 董事兼全球运营总管）说的那样，对我们来说，趁这个机会回望过去，意义非凡。我的母亲也在现场，她已经有点控制不住情绪了，我也一样（哽咽）。五年过去了，格拉夫刚才也说了，在这五年间，我们从最初的一桌四个人发展到如今，业务遍布全球。谁也没有想到，Uber 会一直发展到今天，当时没人预料到未来会变成怎样，但我们走过来了。过去有一个阶段，包括格拉夫和我，我们几个人光是维持现状都很勉强，一心想着怎么生存，怎么为系统上的车辆吸引来更多乘客。那个时候，活下来是最重要的，还没想过要发展壮大。

　　回望走过来的路我发现，重要的是和谁一起前行，而不仅仅是这段旅程本身。此时我和 Uber 的大家庭聚在一起，我感到非常自豪，为这五年来我们一起努力取得的成就，接下来我想谈一谈 Uber 的未来。

　　此时是我们回望过去、展望未来的重要时刻。加雷特（Uber 联合创始人）说过，我们在巴黎出行的时候，当时是他说"我想在手机上按下一个键就叫来一辆车"，而我还不确定自己是否想购买 10 辆 S 级轿车来组建一家豪华租车公司。后来，我为 Uber 带来了效率的提升，但最初是加雷特将品位带到了 Uber。

五年前的此时，Uber 正式开始运营，最初仅向旧金山的约 100 位朋友开放，规模很小。在座的索费恩也参与过那时的工作。是那些早期参与进来的司机和乘客给了我们机会。最初在旧金山只有两辆车的时候，我记得我经常打电话给朋友："喂，你叫得到车吗？车来了吗？你能叫到一辆吗？"司机和乘客的活跃对早期的发展很重要。在那之后，听说Uber 的人越来越多，想借助于 Uber 打车或者开车的人也越来越多，加入平台的人越多，平台就会运转得越好。早期乘客加入的理由是，他们不想再浪费时间堵在路上，或者寻找停车位，也不愿意为了叫一辆出租车等上 20 分钟，问题在于在那时的旧金山，等 20 分钟也未必能够等到出租车。我们的第一批 Uber 司机拿出了自己的珍贵时间，帮助人们结束这种徒劳的等待，从此更便捷地在市内出行。

最初的 Uber 只是想解决这个简单的问题，然而如今 Uber 已经被大家推到一个重要位置，帮助我们的城市应对即将面临的巨大挑战。

这些挑战的根源在于交通运输力严重不足、供需不平等、低效等现状。现在，世界上有 10 亿辆以上的汽车在路上行驶，其中 96% 左右的时间，这些汽车都处于闲置状态。换句话说，人们所拥有的昂贵资产——汽车——有 96% 的时间是被浪费的。与此同时，我们的城市空间，15% 以上都被这些闲置的汽车所占用。

当这 10 亿辆汽车在路上行驶时，问题更多。据统计，平均每个人每年有两天时间会浪费在交通拥堵上。在我的故乡洛杉矶，拥堵的情况更糟糕，但我们需要承受的还不止这些。二氧化碳排放严重影响气候，而在美国，20% 左右的二氧化碳排放量都来自汽车；另外，每 52 分钟就有一人在醉驾事故中死去。

要解决这些问题，公共交通不失为一种有效的方法，但仅靠公共交通是不够的。公交站和地铁站并没有建造在每个人的家门口。在今天，公共交通的服务仍然没有遍及各地，很多地方都难以叫到出租车，尤其是在那些贫困的街区或者郊区，数百万人仍然无法得到可靠的、廉价的交通服务。交通生态系统的不平等，导致人们居住成本更高、生活更艰辛。

以上这些交通问题在北美和欧洲普遍存在，而在中国、印度等发展中国家则存在另一个问题：每天都新增数万辆汽车上路。比如在墨西哥城等地方，每个进入城市的新居民都拥有两辆更旧、更耗油的汽车。如果不缓解这种趋势，未来将出现更多恶性的交通事故、更可怕的污染，以及阻碍经济增长的低效问题。这不是夸张，我们很清楚，只要现状不改变，这些问题就必然会出现。

这是我们正在经历的，但不一定是必经之路。Uber 的技术和创新已经在改变一个又一个城市的交通现状。我们提供了替代的方案去解决"世界像个停车场""出行面临拥堵"等问题，用一种全新的交通方式补充并改善现有体系。无论是乘客、司机，还是城市，只要想寻求更安全、更廉价、更可靠的出行方式，Uber 就是正确的选择。因为 Uber 的成长和发展，不仅会影响乘客和司机的生活，也会影响城市的未来。

Uber 对于那些想当司机赚钱的人来说，也是正确的选择。短短五年时间，我们之所以能够获得今天的成功，他们是唯一的原因，他们是 Uber 的核心与灵魂。

Uber 还是最可靠的交通选择。我们之所以能够实现"按一下按键，平均几分钟就可以叫到车"这个愿景，是因为用技术预测到了用车的需求，然后针对这些需求匹配供给。这跟您在哪里、要去哪里都没有关系，Uber 不会因目的地，或者因您长什么样、住在哪里而拒载。不管您是住在康普顿、田德隆，还是住在贝弗利山或太平洋高地，Uber 都会平等对待；住在东湾或纽约外围卫星城的人，和住在旧金山或曼哈顿市中心一样，都可以叫到车；那些下班的人，如果无法通过火车、地铁或公交车直接到家，Uber 也可以负责这"最后一公里"。我们正在通过成为现有公共交通体系的补充，针对每个人、每个地方，建立起全球最可靠的交通网络。

Uber 也是最经济的交通选择。UberX 在大多数城市都比出租车更便捷、更便宜，对那些开私家车通勤的人来说也是如此，考虑到停车、保险、保养等成本，使用 UberX 会更划算。

这个很关键的创新是我们偶然发现的，未来五年，Uber 将出现越来越多的创新，让使用 Uber 比拥有一辆车更经济。现在，让我们真正感到激动的创新是 UberPool。

等待车辆到达的平均时间没有变，仍然在 5 分钟之内，但在旧金山、巴黎和纽约等城市，乘客叫来一辆车时，车里很可能已经有了另一个乘客，这两位乘客路线相近，因此可以合乘一辆车，而不是像原来那样需要使用两辆车。可以想象，如果行程足够多，司机让一位乘客上车，再让另一位乘客上车，然后其中一位下车，另一位再上车，这将成为一个没有尽头的旅程，对于司机来说，始终有一位乘客在车上。效率能够达到这个程度，那么价格就可以充分降下来，不管在哪里都有车来接您上车，不管去哪里都可以送达，按需接送，拼车合乘，非常便利，更多的人能够享受到比私家车更便宜的出行方式。效率的提升，不仅能够让 Uber 比搭乘出租车或拥有私家车更便宜，而且能够让 Uber 变得像地铁、公交或其他交通工具一样廉价。这是我们未来几年计划做的事，也是真正能够改变游戏规则的事。

车辆更少、搭乘更便捷的智能交通；更安全、实惠、可靠的交通；让司机得到更多工作机会和收入的交通——这是我们未来的愿景。正因为如此，Uber 不仅是司机、乘客、通勤者更好的选择，也是城市和城市所有居民的更好的选择。

Uber 进驻的城市将会变成这样：是人们在堵车或寻找停车位上花时间更少的城市；是人们在私家车或通勤成本上花费更少的城市；是花

更少金钱建造车库、停车场或昂贵的新公共交通设施的城市；同时也将是更智慧的城市，因为这些城市让我们可以分享数据和技术，帮助改善停车、交通信号灯模式等方面的问题；还将是更少汽车上路行驶、更少碳污染、更清洁的城市，尤其越来越多的 Uber 使用的是低排放混合动力车；当更多个人或小企业能够享受到前所未有的经济的出行方式，当 Uber 能够在一两年内创造数万个就业机会时，这个城市也将变成更繁荣的城市。

我们将有机会向每个城市的市长介绍这些良好愿景并且发出请求：请让Uber来服务这座城市吧。让我们在未来两年创造2万多个就业机会，让我们用一辆得到充分利用的 Uber 汽车来代替 10 辆车上路，帮助减少城市污染。我们不要求特别的优惠或资金支持，同时愿意遵守并执行现在的监管法规，因为我们也认为，这些为保护乘客和司机的安全而制定的法规是必需的。

我们希望看到这样的情景：市民可以为他们的邻里服务。在司机满足全部安全、保险和质量标准的前提下，如果他想靠开车运送乘客来挣钱，为什么不呢？

我们希望当地的官员允许市民为城市服务。希望城市的管理者不会剥夺市民提供这类服务的权利，仅仅依据一些已经过时的监管法规。这些法规已经成了维护少数利益群体长期垄断的工具，尽管几十年前制定它们时是为了保护乘客或司机。

人们把我当成 Uber 的积极倡导者，有很多人用各种贬义词来形容我，这些我都知道。对此，我必须承认，我不完美，公司也不完美。任何人都会犯错，我们也是一样。但是我们会满怀激情地从错误中寻找经验和教训。在一个又一个城市，我们已经看到了成果，因此，对于我们的工作，我视之为骄傲，对于我们正在努力实现的愿景，我毫不怀疑。

按一个按钮就可以实现全城无缝出行，这在五年前还是无法想象的事。我们的每一步都是在阻力中前行。您可能已经从新闻中得知，我们每一次进驻新的城市都会遭遇强大的阻力，人们为了维持现状，有时候会不惜一切代价。

感谢那些始终支持 Uber 的乘客和司机，正是他们的亲身体验和感受，验证了 Uber 的模式，从而促使更多人加入。因为 Uber 让乘客和司机的生活变得更轻松，所以他们坚定地站在 Uber 这一边。

从他们那里，我们听到不同的原因、不同的故事。曾有司机说，通过 Uber 平台挣钱，让他们可以继续支付房租，免于被房东驱逐，或者使他们得以继续为所爱之人支付医药费而免于破产。那些买不起私家车或者住在交通不便的街区的人们，也说过很多动人的故事。反对气候恶化的环保主义者、反酒驾的母亲、寻找合作伙伴向复员军人提供就业机会的退伍军人团体，都是我们的支持者。他们来自全球各地，从世界上最大的城市到最偏远的村庄，其中有些人从未体验过现代科技，直到成为 Uber 的合作司机，才首次使用智能手机。

交通问题目前仍在恶化。我们可以无所作为，选择这样的未来：城市被汽车所占据，拥堵，人们却还在争辩是否要建造新的铁路或地铁站。

或者，我们可以选择让类似 Uber 的公司和企业、政府、居民合作，创建21世纪的新交通体系。想象一下我们能够在五年内，或者更久一些，实现这样的未来：城市交通在高峰期也能够保持畅通和稳定（这也是我的梦想），城市可以回收用作建造车库、停车场和计时器的空间，用来建造公园、学校和住房，在这样的城市，交通往来无比便捷、畅通无阻，您可以选择在任何心仪的地方居住或创业。科技让您在全球任何地方都能做到 5 分钟之内满足出行需求，在这样的未来里，您也能够快速、安全地获得其他商品和服务，只需按下一键。

过去五年，全世界各处的人们都在对这样的未来，对改变现状的创新，对更多的就业机会，对更少的拥堵，对更清洁的空气点"赞"。对未来五年，我的希望很单纯：数千个城市的居民，就像目前我们进入的 300 个城市的居民一样，能够做出相同的选择，抵达相同的未来。

这是我们共同描绘和展望的未来，我知道，我们每个人都等不及，要回去工作，帮助全世界的城市创造更美好的未来。

伟大创业者的 8 个特质

2015 年 9 月 8 日特拉维斯·卡拉尼克在清华大学演讲实录

我成为创业者是从大学一年级开始。当时我在加州大学洛杉矶分校电子工程和计算机科学专业念书。我一直都是一个创业者，尽管从来没想过成为创业者有什么意义。我想，如果我有机会回到理工类大学和同学们聊一聊成为一个真正的创业者需要哪些特质，这会很有趣。我接下来要讲的内容，除了如何成为一个创业者之外，更重要的是如何成为一个优秀的创业者。我想和大家分享这些特质，来谈谈它们都包含哪些方面。

1. 目标

第一是目标。目标是这样一个概念，它与意义何在有关，与我们为什么存在、信奉什么有关，还与如何为此保持热情有关，它非常明确。比如，Uber 的目标是"让出行像流水一样可靠，无处不在，连接你我"，这就很明确。

这是我们每天都在做的事。我提起 Uber，大家都知道它是什么，但它真正的意义是什么？再进一步说，它的宗旨是什么？"拥抱城市，为城市喝彩"是 Uber 最重要的价值观，我们做任何事都是为了让城市变得更美好。从某些角度来看，我们认为自己是帮助建立未来城市的设计师。那么，从交通着手意味着什么？在未来的城市中，再也不会有现在这样的交通拥堵，最终拥堵会消失，人人都可以高效出行。原因何在？因为每个人都可以一键叫车，而且这辆车每天可以服务另外 30 个人。不是 30 人拥有 30 辆车，而是一辆车服务 30 人，这样路上的汽车自然减少。

另外一个产品，叫 UberPool，一键叫车后，乘客上车时，车上已经有另一位乘客，这是基于他们恰好在相同时间去往相同方向的匹配。代替两个人分乘两辆车的方式，让一辆车就可以搭乘两个人。数学、算法让我们得以进行高效匹配，对两位乘客来说，这样的产品更便捷、更实惠。未来的城市出行趋势应该是这样的，而不是今天我在北京遭遇的拥挤的交通状况。

Uber 为城市带来的另一个改变是创造就业机会。与我们合作的这些车辆拥有者，他们能够得到以前无法获得的收入。目前我们每个月在中国创造近 10 万个就业机会。原因是人们需要出行，因此，我们得以在全世界和中国的城市，创造大量工作机会，这将改变很多人的谋生、赚钱的途径和方式，以及为社会做贡献的形式。

2. 魔力何在？

第二，优秀的创业或创业公司所具备的第二个特质是，能够发现魔力，并且创造魔力。什么是魔力？大家有没有看过一部名叫《低俗小说》（Pulp Fiction）的电影，没看过的话，建议去看看。在这部电影里，出现了一个公文包，从头到尾观众都不知道里面有什么，但只要有人看到里面的东西，不管什么时候都会瞪大双眼，很惊讶。这个公文包里的东西能够超越和触发观众的想象力，这里面就有种魔力。因此，未来，当在座的各位创建自己的公司时——我相信这一点——请先考虑这个问题，如何创造出魔力，超越和激发人们的想象力。

魔力听起来很抽象，它究竟存在于哪里呢？在 Uber，魔力到处都是。

其中一个魔力是时间。如果你能够帮助人们，超越他们的预期，为他们的生活省下更多时间，那就已经创造了魔力。如果你能够为他们的生活或出行带来安宁，那就已经创造了魔力。如果你可以为人们带来很大的愉悦，那就已经创造了魔力。如果你能够超出用户预期，让他们每天得到更多收入，或者节省更多开销，那就已经创造了魔力。如果你能够同时让以上所有魔力变成现实，那你就真的给人们带来了惊喜和激励，目前我们正在 Uber 实现这一切。

让我们来看看日常产品的奇妙吧。这张照片是史蒂夫·乔布斯在 2006 年得到的专利申请文件，大家应该都很熟悉。早在 2005 年就提出申请的专利，和今天我口袋里的手机界面几乎一模一样。当初他和团队设计出这个方案，恐怕没人想到这一切会变成令人激动的现实。研究日常的产品很重要，它们看起来精致、简洁、优雅，有的具备伟大的创意，有的需要精湛的工艺，史蒂夫·乔布斯和他的 iPhone 正是如此。

再看看其他类型的创新，比如 Airbnb，大家都知道，有了它，人们可以在网上寻找类似这种奇特的希腊式别墅入住；如果没有它，就无法拥有这样的选择权和旅行体验。这是 Airbnb 带来的另一种奇妙体验。有时候，你无法确切定义魔力，但你看到时，会感受到它。

这是全球最著名的大桥之一——旧金山金门大桥。Uber 总部设在旧金山，我最近十年都在这座城市居住。站在这座桥上时，你会觉得自己站在很特别的地方，走在桥上的人都会忍不住拍照。其实在旧金山有两座大桥，北边是金门大桥，东边是海湾大桥。但是走过海湾大桥时，你感觉不到任何神奇之处。美是很关键的因素，是它创造了神奇感。

3. 要足够难

假如说，你的创新很神奇，也令人激动，但是每个人都能够轻易复制，那它就不再拥有魔力了。创业者必须选择去做别人未必能做到的最难的事。而 Uber 的确在做非常难的事。

这是 Uber 与卡内基·梅隆大学（CMU）合作的匹兹堡高新技术研发中心里的一辆汽车。这辆汽车在创建全球的 3D 地图。也就是说，未来如果你在本地查找街道信息，能够看到整条街道的三维外观模型。这是为未来无人车出行所做的准备。这听起来很难，是不是？实际上还有很多事情，人们很难从表面上看出来它的难度。比如我们使用 iPhone，系统优雅运行，只消耗 1 小时电量而不是 2 小时，全都是基于看不见的"后台技术"。做出大量的、有趣的科技和算法创新，是很难的事。

这是 Uber 眼中的纽约。点和线表示当时的用车需求。为了确保人们在全世界任何地方都能够在 3 分钟之内叫到车，我们必须提前预测需求，预测人们会在何时打开 APP。实际当然不止这些地图、这些曲线这么简单。你问我怎么做到确保车辆供应，让车辆提前向需求和潜在需求所在地移动，如何通过动态供给图来匹配车辆？我会回答，是的，这真的很难。

这是从网上找来的 LinkedIn 个人社交图谱。它将我需要认识的人、那些对我事业有帮助的人介绍给我，这是怎么做到的？看起来，LinkedIn 让我很轻松地联系上了这些人，但实现这一点，需要非常复杂的后台算法。如果你在这方面做得足够好，那别人就很难轻松超越你。小米做的事情也是如此，他们的手机很漂亮，像 iPhone 一样运行稳定，但成本比苹果少多了。

4. 感知与真相

创业者必须具备的另一个特质是，擅长分辨感知和真相之间的区别。世界上绝大多数人认为是真的东西，这是感知，真相则是真实的现实。很多时候他们是一致的，打个比方，你去问 50 个人 2+2 等于什么，包括在座的各位，绝大多数人都会说是 4。但也有些问题，多数人可能会给出相同的答案，但这不一定是真相。

在这种时候，优秀的创业者必须善于发现感知和真相之间的差异，当大家认为是这么回事，实际却是另一回事时——我们要找的就是这样的时刻。对于创业者来说，感知和真相之间的差异越大，机会也就越大。但是，创业者一定要做出正确判断。因为也有可能别人的感知就是真相，如果作为创业者，以不同的方式看待、判断错误，那你就会失败。

在创业者的人生中，最经常发生的事情是：我们需要做一百个完全聚焦于真相的决策。我们会在发现完全不同于其他人认知的真相时，感到特别激动。但这种情况也有可能让人困惑，只不过如果知道自己是对的，那就必须甘愿坚持到底，去做别人没有做过的事。阿尔伯特·爱因斯坦有一句名言："随波逐流之人往往不会超越大众。而独辟蹊径之人却能处于万人莫及之位。"想成为一个创业者，即使特别有天赋，能够洞察真相，也必须善于独辟蹊径。人们看到小猫的反应和看到狮子的反应完全不同。如果人们认为这是一头狮子，那他们会逃走，但是也有可能他们看到的是镜子里的东西。如果你认为自己看到的是小猫，那你最好是对的，因为如果它是狮子，你的手就会被咬了。

有些时候，你看到的风险和别人看到的一样。你的感知也许就是真相，如果能够以独特的不同于其他人的专业方法把控这种风险，那你也许能够做到其他人做不到的事。在面对这座横跨深渊的钢索时，我说"哦，这不可能做到"，但实际上完全可以做到。能够处理好这类事情，就可以做到普通人无法做到的事。这样的人能够用专家的方式避开风险，他们具备超越所有人的优势。其他人还在一旁犹豫不前，他们却能够跨越河流。这样的情况在日常生活和创业过程中经常发生，我们都能够看到。

5. 分析力与创造力

我把接下来的特质称为分析力与创造力。怎么讲呢？我们这里的大部分人都是工程师，了解如何组装机器，如何拆分，再次组装，知道怎样用 10 种语言写代码，看到地上一堆牙签时，就知道有多少根牙签从盒子里掉出来。这都是我们的分析能力，但作为创业者，这还不够，创业者还要有创造力。

作为创业者，了解如何拆分和组装机器还不够，创业者必须创造前所未有的、能够激励别人的全新的机器，这需要创造力。举个例子，这是一台名叫"巴贝奇"的机器，虽然在画出设计图之后，过了一百五十年人类才把它制造出来，但关键之处在于它是人类设计的第一台计算机。我们或许都能够想出一些东西、设计一些东西，但我们知道，这些都不够。在 Uber，我们和用户每天都在做这件事，按下按键叫车，但是，忽然某一年某一天，按下按键，叫来了冰激凌车，送来了冰激凌。这是目前我们在近 350 个城市正在做的事，这个创意来源于启发灵感的创造力。我们在杭州通过无人机提供冰激凌。只要按下按键，就有无人机飞向你送给你冰激凌。让这些创意运行起来需要一些工程设计，但同时给人们带来了灵感的启发，这是创业者的成功之道。我们在 Uber 努力做的事情是，让公司的每个人都具备创业者精神，可以提出这些创意点子并让其成真。

6. 推向市场

没错，有了好的想法、好的创意，但是同时还面临商业推广的问题。你需要知道怎么把产品推向市场。在硅谷，人们称之为 growth hacking。你要知道怎样制造病毒式的传播效果，怎样创造一个创意、内容或视频、产品，或者一个手机软件，并且找到一个让人们使用它、喜爱它、愿意与其他人分享它的方法。这是一门学问，关键在于找出其中具有创意的一面。正因为如此，推向市场的重要一环就是：和别人合作、和名人合作，在彼此的交流中产生火花和好的创意。

7. 享受过程

我从 18 岁就开始创业，现在回忆起来，二十年来，我一直在创业的路上。在多数时间里，我都在遭遇失败。在我创办的上一家公司，我每天给 100 个人打电话，然后得到 100 次"不"。连续六七年都是这样，也就是说我被几十万人拒绝过。身为创业者，必须确定自己的目标，必须有足够强烈的信念，即使被人不断否定，也能享受每个时刻。这表示，上场之后，不管发生什么事，都要对你所做的事情从始至终保持热爱之情，就算输了，也要热爱创业这场游戏。实际上绝大多数创业本来就注定失败。只要跌倒后还能不断爬起来，就不算失败。

8. 冠军思维

我所定义的"冠军思维"，意思是要面对逆境。提到"冠军"，很多人想到姚明或者勒布朗·詹姆斯的扣篮，但那不是我要说的"冠军思维"。成为冠军，就要知道如何面对逆境。要将一切抛在脑后，总之一心想着取胜。这是成为冠军的意义所在。冠军不仅仅是大家想到的体育明星和他们取得的成功，生活中真正的冠军，创业中真正的冠军，必须有在逆境面前振作起来、竭尽全力冲向终点的素质。这样的思维会一直激励着你自我实现，同时为整个团队树立榜样。

六个创业伙伴长期挤在一个小屋里，遭遇无数次拒绝，经历无数逆境，但每天仍然热爱自己的事业——这就是我创业生涯的写照。直到我们创造了 Uber，才在全球大获成功。现在我们有 4 000 名员工，我仍然把这种思维带到日常工作中，用于激励我的团队。坦白地说，我看到团队时，和看到大家都是一样的。正是这种思维，让我们变得强大，并为整件事情赋予了意义和价值。

优步在华"和"之道

2015年9月9日特拉维斯·卡拉尼克在百度世界大会演讲实录

今天被邀请参加百度世界大会很高兴，这是我第一次参加，非常激动。

大约一年半以前，Uber，在中国我们叫优步，在上海起步。我想介绍一下它的历史，包括什么时候开始在中国发展，以及为什么要来中国。

在中国，我们推出了几个不同的产品，最开始是 Uber black，优步高级轿车，是专门服务高端用户的专车。后来推出人民优步，是车主和乘客共享的拼车，只要按下一键，很快就能叫来一辆车。最近又推出了人民优步 +，这是升级版的人民优步，同样是一键叫车，很快就有车来接你，但当你打开车门，会发现车里可能已经有另一个乘客。两个乘客在同一个时间段内叫车，如果路径相似，那么就能够被匹配共乘一辆车。这是我们推出的一个新的概念和功能，它很有意义，以前两个人乘坐两辆车，现在两个人或者多个人乘坐一辆车，这意味着用更少的车上路，满足更多出行需求。

目前 Uber 进驻了全球 60 个国家和地区近 350 个城市，在中国的发展也很迅速，增长速度可以说相当惊人。当然，在全球每个城市都是这样，不仅仅是因为中国的城市规模大才有这样快速的增长，在其他国家的城市，Uber 发展也很快，到现在增长速度还没有变慢，各地的需求也还没有饱和，城市出行的需求超乎想象。尤其中国的城市，需求量非常大，多数人都在以开放的心态欢迎创新的事物，欢迎优步带来的新型服务。同时，我们也和政府达成了伙伴关系，中国的管理者也以非常开放的心态和合作精神来对待创新，给予了我们非常大的发展空间。

接下来我想提及一些数字，以及我们进驻中国以来的见闻。现在，优步中国平台每天的成单量，也就是每天完成的行程，达到 100 万。今年年初，我们的市场份额只有 1%，仅仅九个月过去，市场份额就达到了 35%。无论是在中国，还是在世界其他地方，一家公司能够在规模如此大的行业，市场份额增长这么快，这是非常罕见的现象。我们每个月都会为车主和合作伙伴创造约 10 万个就业机会。仅在成都，我们就创造了 42 000 个工作机会。

让出行像流水一样可靠，无处不在，连接你我。这是我们的使命。实现这个使命的重要一步就是来到中国。

这个使命不仅仅是按下按键就有一辆车来到你面前，对我们来说，实现这个使命意味着能够成为城市规划和建设的助力，共同打造未来城市。我们能够共享力量的领域，是交通出行领域，借助于我们的力量，人们能够在任何时候都高效畅通地穿行在城市中，不管多远都可以抵达。这意味着必须减少路上的车辆，让出行更高效，就像我刚刚描绘的那样，通过 UberPool，也就是人民优步 + 这种多人拼车的方式，就能够实现这个目标。按下按键叫来一辆车，这辆车不仅和你共享，而且在一天之中很可能还与其他 30 个乘客共享。如果 30 个乘客不是驾驶 30 辆车上路，而是通过 Uber 共享一辆车出行，那就可以减少大部分汽车上路行驶。这样一来，像图片上这样拥堵的大城市交通状况会慢慢缓解，最终甚至有可能消除拥堵现象。

在这个过程中，我们也创造了越来越多的就业机会。在中国发展一年半时间，我们在各个城市创造了几十万个就业机会，未来继续发展，这个数字将达到 100 万。使用 Uber 出行将变得比养一辆私家车更划算。我们需要通过创新科技、派单机制、后台算法，创造出像 UberPool（人民优步＋）这样的优秀产品以及其他一些提升效率的功能来实现这个目的。

我们从去年 12 月开始，在各个城市启动，我们很清楚拥有好的合作伙伴有多重要。在中国，创业企业需要有自己的创业合作伙伴。我们很快和百度展开了合作，联合召开新闻发布会宣布这个消息，此后开展了一系列合作，包括将 Uber 接入百度地图，让数以亿计的用户能够直接在百度地图终端使用 Uber 叫车。

在世界各地，和当地监管部门的关系都很重要，这一点我们都能看到。来到中国之后，我们也开始学习中国的发展之道，百度作为我们的战略合作伙伴，它的引领对我们来说非常关键。

怎样才能给城市带来更大益处，推动城市进步，包括我之前提到的，怎样做出有意义的服务和产品，这是我们一直在思考的问题。对于我们的积极努力，包括增加更多就业机会、减少污染、减少拥堵、合理应用基础设施等等，都抱着很开放的态度。我们也会全力配合政府，以和谐稳定作为发展的前提。

另外，领导人对"互联网＋"非常重视，因为这是一个很重要的概念。"互联网＋"和"互联网"不同，这一点很有趣。目前，我们通过互联网和城市连接。从线上到线下，让我们生活的每一天都被科技占据，让现实世界和虚拟世界连接，实现这一切并不简单，但很有意义。比方说，这不仅让你和你的朋友在线上实现沟通，通过"互联网＋"还能够让你更容易到达朋友身边。这就是"互联网＋交通"展示其创新和科技发展很重要的一面。我们很高兴能够将这样出色的创新科技带到中国，服务中国用户。

就像我前面说的那样，"互联网＋交通"这种新的模式给城市和人们的生活带来了切实的好处，已经有越来越多的政府和城市管理者看到了这一点。我们感到很激动，能够在很多城市与当地政府成为合作伙伴，将这些科技创新变成现实。如今，我们已经在中国近20个城市提供服务，未来一年，我们计划进入100个新城市。

我们很关注，也很欢迎即将出台的网约车法规。对于优步中国的发展而言，法规出台，标志着一个重要的里程碑。创新技术给人们带来新的选择，于是新的法规应运而生。与此同时，创新者也需要去适应新的法规。

我们希望最终能够把我们的技术融入城市，参与未来城市的构建，让人们能够经济实惠、高效便捷地实现从A到B的出行需求，同时还能体验到这种出行方式更多的奇妙之处。